中等职业院校铁路类专业系列教材

Tielu Gailun
铁 路 概 论

周卫东　朱俊达　**主　编**
庞建昭　孙伟峰　吕小帅　**副主编**
　　　　　　　　郝风伦　**主　审**

人民交通出版社股份有限公司
北　京

内 容 提 要

本书为中等职业院校铁路类专业系列教材之一。全书共包括8个项目,主要包括现代交通运输业与铁路运输、铁路线路、铁路车辆、铁路机车、铁路车站、铁路信号与通信设备、铁路运输组织、城市轨道交通概述。

本书主要供中等职业院校铁路类专业教学使用。

图书在版编目(CIP)数据

铁路概论/周卫东,朱俊达主编.—北京:人民交通出版社股份有限公司,2020.8(2024.12重印)

ISBN 978-7-114-16614-3

Ⅰ.①铁… Ⅱ.①周…②朱… Ⅲ.①铁路运输—中等专业学校—教材 Ⅳ.①U2

中国版本图书馆CIP数据核字(2020)第095955号

书　　名:	铁路概论
著 作 者:	周卫东　朱俊达
责任编辑:	李　良
责任校对:	赵媛媛
责任印制:	刘高彤
出版发行:	人民交通出版社股份有限公司
地　　址:	(100011)北京市朝阳区安定门外外馆斜街3号
网　　址:	http://www.ccpcl.com.cn
销售电话:	(010)85285911
总 经 销:	人民交通出版社股份有限公司发行部
经　　销:	各地新华书店
印　　刷:	北京科印技术咨询服务有限公司数码印刷分部
开　　本:	787×1092　1/16
印　　张:	9.5
字　　数:	215千
版　　次:	2020年8月　第1版
印　　次:	2024年12月　第3次印刷
书　　号:	ISBN 978-7-114-16614-3
定　　价:	25.00元

(有印刷、装订质量问题的图书,由本公司负责调换)

前 言
PREFACE

随着我国铁路行业,尤其是高速铁路的快速发展,各相关企业对铁路一线作业人员提出了更高的要求。为了使学生更好地掌握铁路人员所需具备的专业知识,山东交通技师学院联合人民交通出版社股份有限公司组织编写了中等职业院校铁路类专业系列教材。

本套教材以《教育部关于深化职业教育教学改革全面提高人才培养质量的若干意见》教职成〔2015〕6号与《教育部关于职业院校专业人才培养方案制订与实施工作的指导意见》教职成〔2019〕13号为指导思想,以"坚持面向市场、服务发展、促进就业的办学方向,健全德技并修、工学结合育人机制,突出职业教育的类型特点,深化产教融合、校企合作,加快培养复合型技术技能人才"为编写要求,采用项目驱动、任务引领的编写模式,每一学习任务都由学习目标、问题与思考、工作任务、预备知识、任务实施、任务测评、课后小结组成。在使用本套教材时,希望教师能帮助学生做到以下几点:

(1)主动学习。学生是学习的主体,学生通过实践,在工作过程中获得的知识与技能是最牢靠的。学习过程中,学生要积极主动地学习,完成完整的工作任务,学习真实的职业岗位工作内容。

(2)熟记规章。几乎铁路的每一条规章都是由具体案例总结出来的,所以在学习时,学生需要认真理解规章,不但能够熟练地背诵,更要学会如何灵活地运用。

(3)用好教材。教材中每一个任务都确定了明确学习目标,包括能力目标、知识目标和素质目标,学生应该以这些目标为指引,努力地去完成。在学习过程中,要在引导问题的帮助下,尽量独立地学习并完成整个学习任务。最后,学生要总结自己学习后的知识与技能收获,总结体会及经验,检验自己是否达到制订的学习目标。

《铁路概论》是铁路及城市轨道交通专业的必修课程,主要介绍铁路运输业、铁路主要技术设备、运输组织工作的基本知识与基本原理。学生通过对本课程的学习,对铁路事业有概况的了解与认识,树立铁路全局观念,了解铁路各专业之间的关系,为后续课程学习奠定基础。本书的主要内容包括如下:

项 目	任 务	建议学时
现代交通运输业与铁路运输	现代交通运输业的常识	1
	铁路运输业的常识	1
铁路线路	铁路线路的平面与纵断面基本常识	2
	路基和桥隧建筑物构造认知	1
	轨道构造认知	2
	限界规定及工务工作	1

续上表

项 目	任 务	建议学时
铁路车辆	铁路车辆的基本常识	1
	铁路车辆的构造认知	2
	车辆的运用管理与检修	1
	动车组常识	2
铁路机车	内燃机车认知	2
	电气化铁道供电系统和电力机车认知	2
	机车的检修和运用	1
铁路车站	中间站认知	1
	区段站认知	1
	编组站认知	1
铁路信号与通信设备	铁路信号基本常识	2
	车站联锁设备认知	2
	区间闭塞设备认知	2
铁路运输组织	铁路旅客运输组织	1
	铁路货物运输组织	1
	铁路行车工作组织	1
城市轨道交通概述	城市轨道交通的基本常识	1
	城市轨道交通线路认知	1
	城市轨道交通车站认知	1
合计		34

本书由周卫东、朱俊达任主编,庞建昭、孙伟峰、吕小帅任副主编,由郝风伦任主审。参与本书编写的人员还有陈霞、王舒婷、尹健、李宏程、王奇、姜媛媛。其中,周卫东编写了项目1,朱俊达编写了项目2,庞建昭编写了项目3,孙伟峰编写了项目4,吕小帅、王奇编写了项目5,陈霞、尹健编写了项目6,李宏程、姜媛媛编写了项目7,朱俊达、王舒婷编写了项目8。

在本书编写过程中,编者参考了有关文献,并引用了其中一些资料,在此一并向这些文献的作者表示衷心的感谢。

由于编者水平有限,书中难免存在不足之处,恳请广大读者批评指正,以便不断改进。

编 者

2020年3月

目 录
CONTENTS

项目1 现代交通运输业与铁路运输 1
  任务1 现代交通运输业的常识 1
  任务2 铁路运输业的常识 8
项目2 铁路线路 12
  任务1 铁路线路的平面与纵断面基本常识 12
  任务2 路基和桥隧建筑物构造认知 17
  任务3 轨道构造认知 25
  任务4 限界规定及工务工作 33
项目3 铁路车辆 37
  任务1 铁路车辆的基本常识 37
  任务2 铁路车辆的构造认知 52
  任务3 车辆的运用管理与检修 61
  任务4 动车组常识 67
项目4 铁路机车 73
  任务1 内燃机车认知 73
  任务2 电气化铁道供电系统和电力机车认知 76
  任务3 机车的检修和运用 81
项目5 铁路车站 85
  任务1 中间站认知 85
  任务2 区段站认知 88
  任务3 编组站认知 92
项目6 铁路信号与通信设备 98
  任务1 铁路信号基本常识 98
  任务2 车站联锁设备认知 102
  任务3 区间闭塞设备认知 104
项目7 铁路运输组织 110
  任务1 铁路旅客运输组织 110

任务 2　铁路货物运输组织 …… 115
  任务 3　铁路行车工作组织 …… 121

项目 8　城市轨道交通概述 …… 131
  任务 1　城市轨道交通的基本常识 …… 131
  任务 2　城市轨道交通线路认知 …… 135
  任务 3　城市轨道交通车站认知 …… 140

参考文献 …… 145

项目1　现代交通运输业与铁路运输

任务1　现代交通运输业的常识

学习目标

1. 了解现代交通运输的作用、性质和种类。
2. 掌握我国现代铁路、公路、水路、航空、管道运输方式及其特点。
3. 了解本课程的学习内容。
4. 养成认真、细致的工作作风和独立分析问题的良好习惯。

问题与思考

俗话说"要想富，先修路"。可见，交通运输对于经济发展起着举足轻重的作用。那么，我国现代交通运输业有哪些运输方式，它们又各有哪些优、缺点呢？

工作任务

认识五种运输方式并能说出其特点，了解本课程的学习内容。

预备知识

交通运输业是国民经济的重要组成部分，是保证人们在政治、经济、文化、军事等方面联系交往的手段，也是衔接生产和消费的一个重要环节。现代交通运输主要包括铁路、公路、水路、航空、管道五种运输方式。它们各有其不同的技术经济特征和应用范围，必须综合协调发展，充分发挥各自的优势。

铁路是国家重要的基础设施、国民经济的大动脉和大众化的交通工具，是综合交通运输体系的骨干，在推动我国经济社会发展中发挥着重要作用。因此，了解现代交通运输尤其是铁路运输的常识，对于学习其他专业课有着积极的意义。

一、现代交通运输业的作用、性质和种类

(一) 现代交通运输业的作用

国民经济发展的规模和速度在很大程度上是以交通运输业的发展为前提条件的。交通运输业是流通领域的支柱，是沟通工农业、城市、地区、企业之间经济活动的纽带，是面向社会为公众服务的公用事业，是对国民经济和社会发展具有全局性、先行性影响的基础

行业。

（1）交通运输业中的交通网络，就好像是满布全国各地的脉络，把各地联成一个统一的整体，为团结各民族、提高人民生活水平发挥着重要的作用。

（2）交通运输业把国民经济中各生产部门的产、供、销有机地结合在一起，成为发展社会主义市场经济和工农业现代化的先导。

（3）交通运输业对巩固国防、实现国防现代化以及在反侵略战争中具有重要的作用，其作用甚至是用经济尺度所不能衡量的。

（4）交通运输业在对外开放、对外贸易和发展世界各民族间的友好往来以及在国际间经济、技术、文化交流中发挥着重要的作用。

(二) 现代交通运输业的性质

现代交通运输业是国民经济的有机组成部分，它具备物质生产和为社会公众服务的多重性质，是一个具有鲜明服务功能的物质生产部门。

1. 交通运输业具备物质生产的三要素

劳动力、劳动对象和劳动资料是生产的三要素。人们借助于劳动资料，作用于劳动对象，使之适合自己的需要，就是物质生产。以铁路为例，线路、站场、机车车辆等各种固定和移动的设备，是铁路运输业从事物质生产的劳动资料；铁路职工利用劳动资料，按照旅客和货主的要求，有目的地改变旅客和货物在空间上的位置，由此发生的场所变动，就是运输生产的产品。铁路职工是劳动力，旅客和货物是劳动对象。交通运输业对它的劳动对象只提供服务，而不能自由支配。

2. 交通运输是进行物质产品生产的必要条件

交通运输不创造新的物质产品，不改变劳动对象的形状和性质，只变动劳动对象的空间位置，但它是进行物质生产的必要条件，也是物质生产过程不可缺少的重要环节。

3. 交通运输业的产品是"位移"

交通运输业的产品是"位移"，其计算单位是"人·km"或"t·km"，为了统计上的方便，通常换算为"吨公里"来计算。交通运输业的产品不能储存、调拨和积累，这是因为交通运输业的产品——旅客和货物的位移，同运输过程不能分离，即位移的生产和消费是同时进行的，在它生产出来的同时就已经被消费了。

(三) 现代交通运输业的种类

现代交通运输业主要包括铁路、公路、水路、航空及管道运输五种运输方式。下面介绍五种运输方式的特点。

1. 铁路运输

铁路运输是以固定轨道作为运输道路，由轨道机械动力牵引车辆运送旅客和货物的运输方式。铁路运输与其他各种现代化运输方式相比较，具有运输能力大、速度快的特点。每一列车运载旅客和货物的能力远比汽车和飞机大得多，我国普通铁路的旅客列车运行速度一般为100km/h左右，快速旅客列车目前可达120～160km/h，高速铁路可以达到200～350km/h。此外，铁路运输成本较低，且受气候条件限制较小，一般可全天候运营，并能做到安全、正点，如图1-1所示。

图 1-1　铁路运输

2．公路运输

公路运输是汽车在公路上运送旅客和货物的运输方式。它的主要优点是机动灵活,对客货运量大小具有很强的适应性。汽车运输一般可实现门到门的直达运输,提高中短途运输的送达速度,加速货物资金周转。公路运输还可作为铁路、水路等运输方式的补充和衔接。公路运输(高速公路除外)与其他运输方式相比,具有投资少、资金周转快、投资回收周期短和技术改造较容易等优点,如图 1-2 所示。

图 1-2　公路运输

3．水路运输

水路运输是利用船舶和其他工具在河流、湖泊、海洋中运送旅客和货物的一种运输方式。水路运输按航行的区域分为远洋运输、沿海运输和内河运输三种类型。水路运输的运输能力相当大,在海洋运输中,目前世界上超巨型油轮的载重量可达 55 万 t,巨型客船也可达 8 万 t。水路运输具有占地少、运量大、投资省、运输成本低等突出的优点。但其运输速度较其他运输工具慢且受自然条件限制较大,如图 1-3 所示。

4．航空运输

航空运输是用飞机运送旅客和货物的一种运输方式。航空运输在 20 世纪崛起,是运输业中发展最快的行业。与其他运输方式相比,其最大的优点是速度快,且具有一定的机动性。航空运输不受山川地貌、河流湖泊等限制,只要有机场和导航设施保证,即可开辟航线。其缺点是载运能力小、能源消耗大、运输成本高,如图 1-4 所示。

图1-3 水路运输

5. 管道运输

管道运输是以管道作为运输通道,并备有固定式机械动力装置的现代化运输方式。管道运输是近几十年来得到迅速发展的一种运输方式,主要以流体能源石油、天然气、成品油为运输对象,现在还可以运输煤和矿石等货物。管道运输具有运送能力大、效率高、成本低、能耗小等优点。管道运输所用的管道埋于地下,还具有占地少、不受地形坡度限制、不受气候影响、能长期稳定运行、沿线不产生噪声且漏失污染少等优点,是一种很有发展前景的现代运输方式。但管道运输由于长期定点、定向、定品种运输,调节范围窄且不能输送不同品种的货物,如图1-5所示。

图1-4 航空运输　　　　　　图1-5 管道运输

各种运输方式都有自己的优、缺点和适用范围,既相互独立,又相互依存,既有协作,又有竞争。只有多元化地综合利用、合理布局、协调发展,建成科学的综合运输体系,才能对我国的国民经济发展发挥最大的作用。表1-1为各种运输方式主要技术经济特点比较。

各种运输方式主要技术经济特点比较　　　表1-1

运输方式	运输能力	运输速度	通用性	连续性	机动性	运输成本	运输能耗	正点率
铁路	2	2	2	2	3	3	3	1
公路	4	3	1	1	1	4	4	3
水路	1	4	3	5	4	1	1	4
航空	5	1	4	4	2	5	5	2
管道	3	—	5	3	5	2	2	—

注:1~5表示程度,其中1表示最好,5表示最差。

二、五种运输方式在我国的地位

新中国成立以来,特别是改革开放以来,交通运输业有了长足的发展,技术水平也有了很大的提高,现已基本形成了横贯东西、沟通南北、联系世界、水陆空并举的综合运输体系。但是,它的发展仍然不能满足国民经济快速增长的需要。因此,在今后的一段时期内,发展交通运输业仍然是经济建设的重点。而交通运输业能否快速健康地发展,关键在于运输业体制的转变和运输能力增长方式的转变。根据我国国情和交通运输发展规划,我国交通运输业的发展方向如下。

1. 铁路运输发挥骨干作用

我国疆域辽阔、人口众多、资源分布不均、各地区经济发展极不平衡,需要铁路长途运输大宗货物。从我国国情出发,铁路运输应是我国主要运输方式。

我国铁路建设正在得到快速发展,截至 2018 年年底,全国铁路营业里程达到 13.1 万 km,如图 1-6 所示。其中高铁营业里程 2.9 万 km 以上,全国铁路路网密度 136.0km/万 km^2,较上年增加 3.7km/万 km^2。

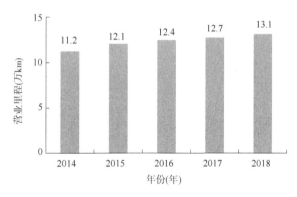

图 1-6　2014—2018 年全国铁路营业里程

2. 公路运输发挥基础作用

公路运输是人们最普遍使用的交通运输方式,是交通运输行业的基础。"要想富先修路"最初的意思就是兴修公路。现在全国公路网已经形成,实现了"县县通",同时新建了一大批新公路,包括高速公路和高等级公路,通过新建和改造,形成了以高速公路为骨架的、纵横全国的国家级干线道路网。

2018 年末全国公路总里程 484.65 万 km,比上年增加 7.31 万 km。公路密度 50.48km/百 km^2,增加 0.76km/百 km^2,如图 1-7 所示。公路养护里程 475.78 万 km,占公路总里程 98.2%。

3. 进一步加强水路运输建设

水路运输在我国有悠久的历史,并不因为铁路、高速公路和航空等运输方式的大发展而降低其作用,其中,远洋和沿海运输是水运发展的重点。我国南方有丰富的内河水运资源,上海浦东新区开发和长江三峡工程建设,使长江黄金水道显示出它的巨大作用;京杭运河、江南水网、珠江水网的重点建设和内河港口采用先进设备和设施,整治航道和泊位,都将大大促进内河货物的运输,适应客运和旅游业的发展。

图1-7　2014—2018年全国公路总里程及公路密度

2018年末全国内河航道通航里程12.71万km,比上年增加108km,如图1-8所示。等级航道里程6.64万km,占总里程52.3%,提高0.2个百分点。三级及以上航道里程1.35万km,占总里程10.6%,提高0.8个百分点。

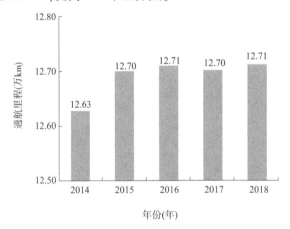

图1-8　2014—2018年全国内河航道通航里程

4. 航空运输要以新的姿态迎接更大发展

航空运输是先进的运输方式,有着广阔的发展前途。随着人民生活水平的提高和国际交往的日益频繁,民航不仅提供了运输服务,也缩短了国与国的距离,其地位越来越重要。为了促进我国航空运输业更快发展,须大力发展航空制造业,研制先进的导航设备、交通管制设备,开发先进的航空运输技术。在运营过程中要保证"安全第一、正点飞行、优质服务"。

2018年末,我国共有颁证民用航空机场235个,比上年增加6个,其中定期航班通航机场233个,定期航班通航城市230个。年旅客吞吐量达到100万人次以上的通航机场有95个,比上年增加11个,年旅客吞吐量达到1000万人次以上的有37个,增加5个。年货邮吞吐量达到10000t以上的有53个,增加1个。

2018年,全年完成旅客运输量6.12亿人,比上年增长10.9%,旅客周转量10711.59亿人公里,增长12.6%。其中,国内航线完成旅客运输量5.37亿人,增长10.5%,港澳台航线完成旅客运输量1127.10万人,增长9.8%;国际航线完成旅客运输量6366.70万人,增长14.8%。完成货邮运输量738.50万t,比上年增长4.6%,货邮周转量262.42亿t·km,增长7.7%。民航运输机场完成旅客吞吐量12.65亿人,比上年增长10.2%。完成货邮吞吐量1674.02万t,增长3.5%。

5．适当发展管道运输

现代管道运输的发展和能源工业,特别是石油工业的发展密切相关。我国的第一条管道网是20世纪50年代建设的全长147km、管径为150mm的克拉玛依—独山子输油管道。随着石油天然气产量的提高,管道运输网络将得到重点调整和改造。特别是随着"西气东输"工程的建设,管道运输必将得到快速发展。

交通运输业是国民经济的基础,加快综合交通运输体系的建设,将是我国交通运输业发展的重要方向,具有现实和深远的意义。综合交通运输体系是在五种运输方式的基础上组建起来的,是对单一的运输方式而言的,是各种运输方式在社会化的运输范围内和统一的运输过程中,按其技术经济特点组成的分工协作、有机结合、连接贯通、布局合理的交通运输综合体,是生产力发展到一定阶段的产物。

任务实施

教师要求学生根据课程要求做好课前准备,课堂上先进行小组讨论,然后全班交流,教师总结。

任务测评

教师依据同学们的回答情况,进行分组点评,并给出测评成绩。

序　号	评价内容	完成情况	存在问题	改进措施
1	课前知识查阅情况			
2	世界现代运输业的作用、性质和种类			
3	我国五种交通运输方式的特点			
4	教师评价			

课后小结

根据老师的评价,各小组进行总结。

姓名		组号		教师	
自我小结:					

任务2　铁路运输业的常识

学习目标

1. 了解世界铁路运输业的发展过程。
2. 了解我国铁路运输业的发展过程。
3. 了解我国铁路运输的发展趋势。

问题与思考

我国的铁路建设取得了令世界瞩目的成就，中国高铁已经成为一张见证时代发展的名片，那么，你知道我国铁路运输业经历了怎样的发展过程吗？

工作任务

了解世界铁路运输业和我国铁路运输业的发展过程和发展趋势。

预备知识

一、铁路运输业的发展史

1825年，世界第一条公用铁路——斯托克顿至达林顿铁路在英国出现，从此揭开了铁路运输的序幕，距今已有近200年的历史。16世纪中叶，英国开始兴起采矿业，为提高运输效率，在道路上铺了两根平行的木材作为轨道。17世纪，将木轨换成了角铁形状的钢轨，角铁的一边起导向作用，马车在另一条边上行驶。后经改进，才逐渐形成今天的钢轨，各国至今都沿用"铁路"这一名称。

(一)世界铁路运输业的发展

自从英国修建世界第一条由蒸汽机牵引的铁路以后，由于它显著的优越性，备受人们的青睐，在很短的时间内，铁路运输业得到了迅速的发展。到20世纪末，世界铁路运营里程总长已达130万km以上。从地理分布上看，美洲铁路约占世界铁路总长的2/5，欧洲占1/3，而非洲、大洋洲和亚洲的总和还不到1/3。由此可以看出，世界铁路的发展和分布情况极不平衡，而且在修建和发展铁路的趋势上也不尽相同。

继英国1846年采用了臂板信号机、1868年采用了自动车钩和空气制动系统之后，铁路的行车速度和可靠性大大提升，铁路运输业得到了很大的发展。此后，特别是第二次世界大战以后的一个相当长的时期内，由于一些国家基本实现了工业化并发展到较高的水平，产业结构和交通体系等发生调整，尤其是汽车和飞机制造业的迅速发展，使得铁路面临公路和航空运输的双重挑战，再加上自身管理体制的不适应和经营管理不善等原因，使得铁路在这一时期发展相对迟缓，有的国家和地区甚至出现停滞的局面，造成世界铁路网规模缩小，客货运量比重下降，经营亏损严重，铁路发展进入了低谷。

1973年,世界能源危机,使公路和航空运输发展受到限制,而铁路运输受此影响相对较小,加上运输过程中排放废气、产生噪声及对生态环境的污染和其他交通运输工具相比最低,特别是高速铁路、重载铁路运输的出现,更使人们认识到铁路在国民经济发展和人民物质文化生活提高中,具有不可忽视的地位和作用。世界各国的铁路运输正在步入一个新的发展时期。

(二) 我国铁路运输业的发展

1. 新中国成立前的几条铁路

我国第一条铁路是1876年在上海修建的吴淞铁路,它是英国侵略者采用欺骗的手段修建的。该铁路从上海至吴淞镇,全长14.5km,轨距762mm。这条铁路后被清政府以28.5万两白银收回并拆除。

我国自己修建的第一条铁路,是1881年修建的唐胥(唐山至胥各庄)铁路,是清政府为了解决煤炭运输而修建的,铁路全长10km。最早由中国人自己集资、自己设计并自己修建的准轨铁路,是1891年和1893年先后通车的基隆至台北、台北至新竹的两条铁路,全长100km。最值得中国人骄傲的铁路是在杰出的铁路工程师詹天佑的主持下,由我国工程技术人员主持、设计、施工的京张铁路(北京至张家口),该铁路于1905年10月开工,1909年建成,比原计划提前两年。京张铁路采用1435mm轨距,全长201km,工程施工相当艰巨。因为自南口进入燕山山脉军都山后,岭高坡陡,四座需开凿的隧道全靠人工修筑。由于这一带地势很陡、坡度很大,为使列车安全通过山岭,詹天佑在青龙桥车站设计了"人"字形爬坡线路,解决了这一难题。京张铁路设计和建设的成就,充分显示了中国人民的智慧和力量,在我国铁路史上写下了光辉的篇章。

旧中国的铁路具有浓厚的半封建半殖民地色彩,铁路分布极不均衡,铁路数量少,布局不合理:约占国土面积15%的东北、华北地区,铁路长度占全国铁路总长的65%,而占国土面积60%的西南和西北地区,铁路长度却仅占全国铁路总长的5.5%,有些省份甚至没有铁路。从1876年到1949年的73年间,只修建了2.1万km。由于战乱,实际能通车的只有1.1万km,能用的机车仅1700台,车辆3万余辆。此外,铁路的技术设备也陈旧落后、质量差、标准低、种类规格繁杂,机车有120多个机型,钢轨多达13种,线路病害严重,约1/3的车站没有信号机,自动闭塞线路不到2%。所有这一切都是半封建半殖民地中国铁路的真实写照。

2. 新中国铁路运输业的发展

1949年新中国成立以来,我国在铁路的新线建设和原有铁路的技术改造方面获得了很大成绩。20世纪80年代是我国铁路建设事业在治理整顿和深化改革中不断奋进、取得可喜成绩的时期。在此期间,新建的大秦铁路(大同至秦皇岛),全长6532km,是我国第一条复线电气化开行重载单元列车的运煤专用铁路。1989年,在我国铁路网中有"铁路心脏"之称的郑州北站,建成了亚洲最大的铁路综合自动化编组站,货车的中转、解体、编组作业等一整套生产管理已经由电子计算机取代了手工操作。郑州北站运营管理综合自动化系统包括货车管理信息系统、驼峰作业过程控制系统、枢纽地区调度监督系统、站内无线通信系统、调车场尾部道岔微机集中联锁系统。该系统的建成使我国铁路编组站的现代化技术迈入了世界先进行列。

21世纪以来,铁路电气化率不断提高,机车逐步向交流牵引过渡,行车指挥也逐步改为调度集中。此外,管理体制也不断创新,取消了铁路分局,生产力进行兼并调整,客货运输服务产品和服务质量不断提升。最为突出的当属高速铁路建设运营。迈入21世纪,首先建设了用于开展高速铁路试验的秦沈客运专线,随后又引进消化吸收了国外动车组先进技术,制造了 CRH、CRH2、CRH3、CRH5 等系列高速动车组。2008 年 4 月 18 日,我国第一条 250km/h 速度级别的高速铁路——宁蓉铁路合宁段(三十里铺—水宁镇)开通运营;8 月 1 日,我国第一条 350km/h 的高速铁路——京津城际铁路开通运营。随后,石太、杭深、武广、郑西、沪宁城际等高速铁路陆续建成运营,以 CRH380A、CRH380B 系列为代表的 350km/h 速度级别动车组研制成功并批量生产。信号、供配电、旅客服务等技术日趋完善。

2011 年 6 月 30 日,连接我国首都北京和重要经济中心上海的京沪高速铁路隆重开通。京沪高速铁路一次建设里程长,建设投资大,建设标准高。京沪高速铁路开通运营,标志着我国高速铁路从起步走向腾飞。2012 年起,我国高速铁路建设进程加快,"四纵四横"高铁路网日趋完善,运营日趋成熟。2012 年 12 月 1 日,我国第一条高寒地区高速铁路——哈大高速铁路开通运营。2012 年末,京广高速铁路全线贯通,从北京到广州只需 8 小时。2013 年,津秦高速铁路开通运营,东北高铁网络通过津秦高铁与其他地区高铁路网连接,首次尝试开行由哈尔滨西至上海虹桥的从高寒到亚热带的跨气候带高速动车组。2014 年,我国第一条干旱风沙气候区高速铁路——兰新客运专线开通运营。2017 年,"复兴号"中国标准动车组载客运营,新型内燃机车、电力机车也不断研制成功并投入运营。2018 年 9 月 23 日,香港特别行政区开通运营高速铁路。截至 2019 年末,我国高铁营业里程达到 3.5 万 km,超过世界高铁总里程的三分之二,"四纵四横"高速铁路网已经形成,跨区域、跨气候带运行的动车组也越来越多。

2016 年 7 月,国家发展改革委、交通运输部、中国铁路总公司联合发布了《中长期铁路网规划》,勾画了新时期"八纵八横"高速铁路网的宏大蓝图。"八纵"通道包括沿海通道、京沪通道、京港(台)通道、京哈–京港澳通道、呼南通道、京昆通道、包(银)海通道、兰(西)广通道。"八横"通道包括绥满通道、京兰通道、青银通道、陆桥通道、沿江通道、沪昆通道、厦渝通道、广昆通道。

此外,城市轨道交通也迈入了新阶段,截至 2018 年末,我国有 37 个城市开通运营地下轨道交通,还有 16 座城市开通运营有轨电车,22 座城市的有轨电车正在建设。

二、我国铁路运输的发展趋势

(一)实现客货分线

目前我国主要铁路干线均为客货混跑模式,客运快速与货运重载难以兼顾,无法满足客货运输的需求,并影响旅客运输质量的提高。《中长期铁路网规划》提出,实施客货分线,专门建设客运专线,在建设较高技术标准的"四纵四横"客运专线的同时,为满足经济发达地区城际间旅客运输日益增长的需求,规划以环渤海地区、长江三角洲地区、珠江三角洲地区为重点,建设城际快速客运系统。

(二)完善路网布局

长期以来,我国铁路网布局一直呈现不合理态势,特别是在广大西部地区,运网稀疏,运能严重不足,与东中部的联络能力差。为此,《中长期铁路网规划》提出,以西部地区为重点,新建一批完善路网布局和西部开发性新线,全面提高对地区经济发展的适应能力。

(三)提升既有能力

根据我国资源分布、工业布局的实际情况,结合国民经济和社会发展的需要,《中长期铁路网规划》提出,在建设客运专线和其他铁路线路的同时,加强既有铁路的技术改造,扩大运输能力,提高路网质量。

(四) 推进技术创新

由于对国外高新技术的跟踪、研究、推广应用力度不够,关键技术的自主研发能力、引进技术的消化吸收能力和国产化水平不高,使得目前我国铁路技术装备水平总体上仅相当于发达国家20世纪80年代的水平,高速动车组的技术尚处于研发阶段。《中长期铁路网规划》提出,要把提高装备国产化水平作为今后铁路建设的一项重要内容来抓,以客运高速和货运重载为重点,坚持引进先进技术与自主创新相结合,快速提升铁路装备水平,早日达到或接近发达国家水平;对于时速200km以上的机车车辆及动车组,要充分整合国内资源,采取国际合作、科研攻关等措施尽快实现国产化;重载货运机车、车辆系统引进关键技术,提升设计制造水平;适应客运高速和货运重载的要求,提高线桥隧涵、牵引供电、通信信号技术水平;广泛应用信息网络技术,实现铁路信息化;装备水平的提升要与铁路体制的改革相结合,提高劳动生产率、资源使用效率和运输效益。

任务实施

教师要求学生根据课程要求做好课前准备,课堂上先进行小组讨论,然后全班交流,教师总结。

任务测评

教师依据同学们的回答情况,进行分组点评,并给出测评成绩。

序 号	评价内容	完成情况	存在问题	改进措施
1	课前知识查阅情况			
2	世界铁路运输业发展掌握情况			
3	我国铁路运输业发展掌握情况			
4	教师评价			

课后小结

根据老师的评价,各小组进行总结。

姓名		组号		教师	
自我小结:					

项目 2　铁　路　线　路

任务 1　铁路线路的平面与纵断面基本常识

学习目标

1. 了解线路中心线。
2. 掌握铁路线路平面、纵断面组成。
3. 会识读线路平面图、纵断面图。
4. 养成虚心向现场师傅学习的工作作风。

问题与思考

铁路线路是机车车辆和列车运行的基础,那么如何来设计铁路线路呢？这就需要首先了解铁路线路的平面与纵断面基本常识。

工作任务

教师组织学生到校内铁路综合演练场(实训室)或者现场参观,听工作人员介绍铁路线路平面和纵断面常识。参观时,针对现场工作提问,回到课堂进行总结交流。

预备知识

铁路线路在空间的位置是用它的中心线来表示的。线路中心线是指距外轨半个轨距的铅垂线 AB 与两路肩边缘水平连线 CD 交点 O 的纵向连线,如图 2-1 所示。

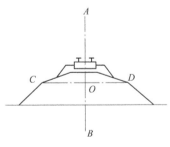

图 2-1　铁路线路横断面

线路中心线在水平面上的投影,叫作线路的平面,反映了线路的曲直变化和走向。线路中心线(平面曲线展直后)在垂直面上的投影,叫作线路的纵断面,反映了线路的起伏变化和高程。

一、铁路线路平面

线路平面由直线、圆曲线以及连接直线和圆曲线的缓和曲线组成。

(一)圆曲线

如图 2-2 所示,铁路线路在转向处所设的曲线为圆曲线,其基本要素有曲线半径 R、曲线

转角 α、曲线长 L、切线长 T。

在线路设计时,一般先设计出曲线半径 R 和转角 α,然后确定 T 和 L,其计算公式为:

$$T = R \cdot \tan \frac{\pi}{2} \quad (2\text{-}1)$$

$$L = \pi \cdot R \cdot \frac{\alpha}{180°} \quad (2\text{-}2)$$

曲线转角 α 的大小由线路走向、绕过障碍物的需要等因素确定。曲线半径 R 的大小则反映了曲线弯曲度的大小。R 越大,弯曲度越小,行车速度越高,工程量越大,工程费用越高。

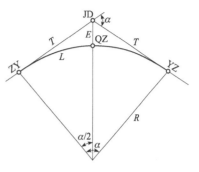

图 2-2　圆曲线要素

(二) 缓和曲线

为保证行车安全,使线路平顺地由直线过渡到圆曲线或由圆曲线过渡到直线,即曲线半径由无限大逐渐变化到等于圆曲线半径(或相反),以避免离心力的突然产生或消除,需要在直线与圆曲线之间设置一个曲率半径变化的曲线,这个曲线称为缓和曲线。图 2-3 所示为加设缓和曲线后的铁路曲线。

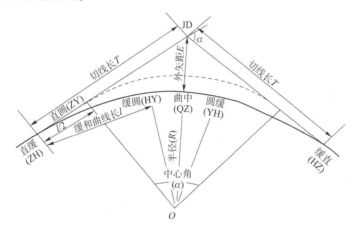

图 2-3　加设曲线后的铁路曲线

缓和曲线的设置可使列车运行安全平稳,旅客乘坐时感觉较为舒适。缓和曲线的长度与所衔接圆曲线的半径及路段旅客列车设计行车速度有关,路段设计行车速度越大,缓和曲线长度也应越大;圆曲线半径越大,所需衔接缓和曲线长度越小。

(三) 曲线附加阻力

列车通过曲线时,由于离心力的作用,使得外侧车轮轮缘挤压外轨,摩擦增大;同时还由于外轨长于内轨,内侧车轮在轨面上滚动时产生相对滑动,从而给运行中的列车带来一种附加阻力,称为曲线附加阻力。曲线附加阻力与列车重力之比,叫作单位曲线附加阻力(ω_r)。

曲线阻力与曲线半径成反比。曲线半径越小,曲线阻力越大,运营条件就越差。这说明采用大半径曲线对列车运行的影响较小。而小半径曲线亦具有容易适应困难地形的优点,对工程条件有利。因此,在设计铁路线路时应结合工程条件、线路设计速度以及减少维修等因素,因地制宜、合理选用。我国《铁路线路设计规范》(TB 10098—2017)提出曲线半径宜采用如下数值:12000、10000、8000、7000、6000、5000、4500、4000、3500、3000、2800、2500、2000、1800、1600、1400、1200、1000、800、600、550、500m。高速铁路区间线路,最小曲线半径一般为2800m,困难情况下,最小曲线半径采用2200m。

线路平面曲线半径优先取值范围见表2-1。客货共线铁路区间线路最小曲线半径见表2-2。限速地段曲线半径应符合有关设计规范的规定。

线路平面曲线半径优先取值范围　　　　　　表2-1

线路设计行车速度(km/h)	160	140	120	100	80
曲线半径(m)	2500~5000	2000~4000	1600~3000	1200~2500	800~2000

客货共线铁路区间线路最小曲线半径　　　　　　表2-2

铁路等级	Ⅰ	Ⅰ	Ⅰ	Ⅱ	Ⅱ
线路设计行车速度(km/h)	200	160	120	120	80
曲线半径(一般)(m)	3500	2000	1200	1200	600
曲线半径(困难)(m)	2800	1600	800	800	500

(四)铁路线路平面图

用一定的比例尺,把线路中心线及其两侧的地面情况投影到水平面上,就是铁路线路平面图。铁路线路平面图如图2-4所示。

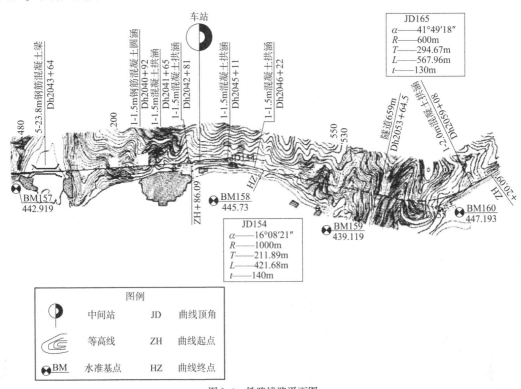

图2-4　铁路线路平面图

线路平面、纵断面图是铁路设计的基本文件,在各个设计阶段都要编制要求不同、用途不同的各种平面图。从线路平面图中,可以看到线路中心线走向、里程、直曲线情况以及沿线的车站、桥隧建筑物的数量和位置;同时还可以看到用等高线表示的沿线地形地物及地面起伏情况等。

二、铁路线路纵断面

铁路线路的纵断面由平道、坡道及设于变坡点处的竖曲线组成。

(一) 铁路线路的坡度

坡道的陡与缓常用坡度来表示。如图 2-5 所示,坡度是指坡道线路中心线与水平夹角的正切值。坡道坡度的大小通常用千分率来表示。

$$i = \frac{h}{L} = \tan\alpha \tag{2-3}$$

式中:i——坡度值,‰;

α——坡道段线路中心线与水平线的夹角。

铁路线路根据地形的变化,可分为上坡、下坡和平道。上、下坡是按列车运行方向确定的,通常用"+"号表示上坡,用"-"号表示下坡,用"0"表示平道。

坡道会给列车运行带来不良影响。列车在上坡道上运行时,会受到一种由坡道引起的阻力,坡度越大,列车上坡时的坡道阻力也就越大,同一台机车(在列车运行速度相同的条件下)所能牵引的列车重力也就越小。

在一个区段上,决定一台机车所能牵引的货物列车重力最大值的坡度,叫作限制坡度。在一般情况下,限制坡度的数值往往和区段内陡长上坡道的最大坡度值相当。

限制坡度的大小,影响一个区段甚至全铁路线的运输能力。限制坡度越小,列车重力可以增加,运输能力就越大,运营费用就越省。但是,限制坡度过小时,就不容易适应地面的天然起伏,特别是在地形变化很大的地段,会使工程量增加,造价提高。因此,限制坡度的选定是一个很重要的问题,要经过仔细的综合研究,才能得出合理的结论。

(二) 变坡点与竖曲线

平道与坡道、坡道与坡道的交点,叫作变坡点。列车经过变坡点时,坡度的突然变化会使车钩内产生附加应力。坡度变化较大时,附加应力的突然增大,甚至容易造成脱钩、断钩事故。

当相邻坡段的坡度代数差超过一定数值时,为了保证列车的运行平稳和安全,应在相邻坡段间用一圆顺曲线连接,使列车顺利地由一个坡段过渡到另一坡段,这个纵断面变坡点处所设的圆曲线,叫作竖曲线,如图 2-6 所示。我国规定,在Ⅰ、Ⅱ级铁路线路上,相邻坡段坡度代数差的绝对值大于 3‰、Ⅲ级铁路线路上大于 4‰ 时,应以圆形竖曲线连接。

竖曲线是纵断面上的圆曲线。Ⅰ、Ⅱ级铁路竖曲线的半径为 10000m,Ⅲ级铁路竖曲线的半径为 5000m。

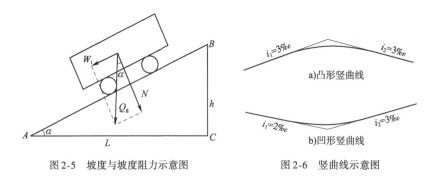

图 2-5 坡度与坡度阻力示意图　　图 2-6 竖曲线示意图

(三) 铁路线路纵断面

用一定的比例尺,把线路中心线(展直后)投影到垂直面上,并标明平面、纵断面的各项有关资料的图纸,叫作线路纵断面图,如图 2-7 所示。

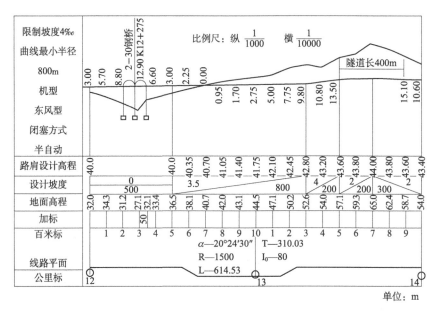

图 2-7 铁路线路纵断面图

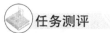 **任务实施**

步　骤	内　容	备　注
课前准备	课前预习铁路线路平面与纵断面的相关知识	
现场参观	听现场人员讲解相关知识	
课堂讨论	根据参观内容,课堂上进行讨论、交流	
教师总结	教师对课程内容进行总结	

任务测评

教师依据同学们的回答情况,进行分组点评,并给出测评成绩。

序　号	评价内容	完成情况	存在问题	改进措施
1	课前知识查阅情况			
2	现线路平面和纵断面常识掌握情况			
3	教师评价			

课后小结

根据老师的评价,各小组进行总结。

姓名		组号		教师	
自我小结:					

任务2　路基和桥隧建筑物构造认知

学习目标

1. 掌握路堤、路堑构造。
2. 掌握路基防护、排水设施的基本构造。
3. 了解桥梁、涵洞、隧道类型。
4. 会识别常见的桥梁类型及构造。
5. 养成虚心向现场师傅学习的工作作风。

问题与思考

当我们坐火车时,尽管地形复杂,也能够通过一座座铁路桥梁连接起来。那么,这些桥梁得有怎样的结构,才能保证火车安全地通过呢?

工作任务

教师组织学生到现场参观,听工作人员介绍路基和桥隧建筑物构造。参观时,针对现场工作提问,回到课堂进行总结交流。

预备知识

路基和桥隧建筑物是铁路线路的基础,它们直接承受轨道传递过来的荷载。因此,路基和桥隧建筑物的状态与线路质量的关系极为密切。在铁路线路的施工过程中,先修筑路基和桥隧建筑物,然后才铺设轨道。

一、路基

路基是指经开挖或填筑而形成的直接支承轨道结构的土工结构物。它是铺设轨道的基础,并直接承受轨道的重力和机车车辆及其荷载的压力。因此,路基状态的好坏,直接关系到线路的质量,并影响行车速度及行车安全。

(一)路基的基本形式

在铁路线路工程中,路基常见的两种基本形式是路堤和路堑。

1. 路堤

当铺设轨道的路基面高于天然地面时,路基以填筑方式构成,这种路基称为路堤,如图2-8所示。路堤的组成包括路基面、边坡、护道、取土坑或纵向排水沟等。

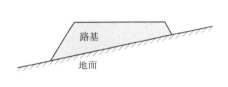

a)路堤示意图　　　　　　　　b)路堤实物图

图2-8　路堤

2. 路堑

当铺设轨道的路基面低于自然地面时,经开挖而形成的路基称为路堑,如图2-9所示。路堑的组成包括路基面、侧沟、边坡、弃土堆和截水沟等。

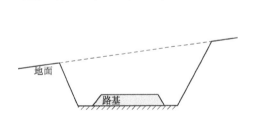

a)路堑示意图　　　　　　　　b)路堤实物图

图2-9　路堑

此外,路基还有半路堤、半路堑、半堤半堑、不填不挖等形式,如图2-10所示。

(二)路基的组成

路基由路基本体和路基附属设施两部分组成。

1. 路基本体

路基本体主要由路基顶面、路肩和路基边坡组成。图2-11a)所示为路堤的组成。图2-11b)所示为路堑的组成。

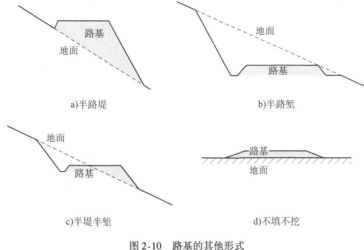

a)半路堤　　　　　　　　b)半路堑

c)半堤半堑　　　　　　　d)不填不挖

图 2-10　路基的其他形式

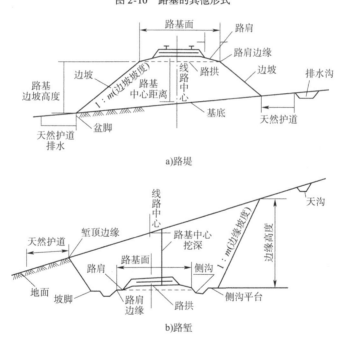

a)路堤

b)路堑

图 2-11　路基的组成

路基顶面:指铺设轨道的工作面,其宽度为两侧路肩边缘之间的距离。路基面形状应设计成三角形路拱,由路基中心线向两侧设 4% 的人字形排水坡。

路肩:指路基顶面两侧无道砟覆盖的部分,用于增强路基的稳定性,防止道砟滚落至路基面外;设置线路标志和信号标志,便于人员避车和暂放维修材料和机具。

路基边坡:指路肩边缘两侧的斜坡,其作用是增强路基的稳定性。图 2-12 为路肩和路基边坡实物图。

2.路基的附属设施

路基必须坚实而稳固,才能承受沉重的压力。但是,土质路基的坚固性和稳定性受许多因素的影响。在一般情况下,水的侵害往往是路基破坏的一个主要原因。因此,在路基的构造形式上要处处考虑如何有利于排水。对于非渗水土质的路基面,可做成不同形式的路拱:我国铁路单线路基的路拱断面做成梯形,复线路基做成三角形;对于岩石和渗水性土质的路基面,则可做成水平的。

a)路肩

b)路基边坡

图 2-12　路肩和路基边坡

路基排水设施就是为了防止和控制路基受水侵害而设置的拦截引排地表水(降水及雨雪形成的地面径流)及地下水(上层滞水、潜水及层间水等)的系统。

(1)地面水。

在路堤天然护道外,可设置单侧或双侧排水沟,也可用取土坑排水;路堑应于路肩两侧设置侧沟;堑顶外可设置单侧或双侧天沟。天沟不应向路堑侧沟排水,路堑侧沟的水不得流经隧道流出。路基的地面排水系统如图 2-13 所示。

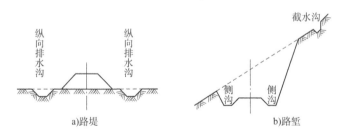

图 2-13　路基的地面排水系统

(2)地下水。

地下水也是破坏路基坚实、稳固的一个重要因素。为了拦截地下水,降低地下水位,常采用渗沟和渗管等地下排水系统,如图 2-14 所示。

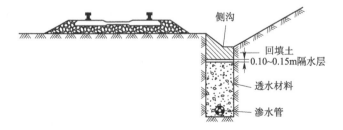

图 2-14　路基的地下排水系统

3.路基的防护设施

为了使路基不致因地表水流和气候变化而失稳,必须做好路基防护工作。常用的路基防护工程有:种草、铺草皮、植树、喷浆、护面墙、砌石等,如图2-15a)所示。此外,还可以设置挡土墙或其他拦挡建筑物,如图2-15b)~d)所示。

a)路基种草防护

b)路基砌石护坡

c)挡土墙

d)山体挡棚

图2-15 路基的防护设施

二、桥隧建筑物

当铁路线路要通过江河、溪沟、谷地以及山岭等天然障碍,或要跨越公路、铁路时,需要修建桥隧建筑物,使铁路线路得以继续向前延伸。桥隧建筑物包括桥梁、涵洞、明渠、隧道等。在修建铁路时,桥隧建筑物的工程量一般占相当大的比重,而大桥和长隧道的施工期限,有时还成为新建铁路能否按时通车的关键。

(一) 桥梁

1.桥梁的组成

桥梁的组成包括桥面、桥跨结构、墩台及基础三部分,如图2-16所示。桥面就是桥梁上铺设的轨道及人行道和护栏部分;桥跨结构就是桥梁承受荷载、跨越障碍的部分;墩台则是桥跨结构的支承体,即桥梁的支座部分,其中设于桥梁中部的支座称为桥墩,设于桥梁两端的支座叫作桥台,桥墩与桥台的底部称为基础。

两个相邻墩台之间的空间叫桥孔;而墩台之间在设计水位处的距离叫孔径;从桥跨结构底部到设计水位的高度,以及两相邻墩台之间的限界空间叫作桥下净空。孔径和桥下净空的大小应满足泄洪、排水及通航等要求。每一桥跨两端支点间的距离叫作跨度;整个桥梁包括墩台在内的总长度,是桥梁的全长。

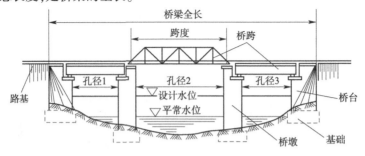

图2-16 桥梁的组成

2. 桥梁的种类

铁路桥梁的形式多样,通常可按建造材料、桥梁长度、构造形式和跨越障碍等进行分类。

(1)按建造材料分,有钢桥、钢筋混凝土桥和石桥等。

钢桥强度大、质量轻、跨越能力大,多用于跨度较大的桥梁;钢筋混凝土桥经济实用、易养护、噪声小;石桥是以石料修筑的桥梁,多为拱形,且坚固耐用、养护工作量小,可就地取材,节省大量的钢材和水泥。

(2)按桥梁长度(L)分,有小桥($L<20m$)、中桥($20m \leqslant L<100m$)、大桥($100m \leqslant L<500m$)和特大桥($L \geqslant 500m$)等。

(3)按构造形式分,有梁桥、拱桥和斜拉桥等,如图2-17所示。

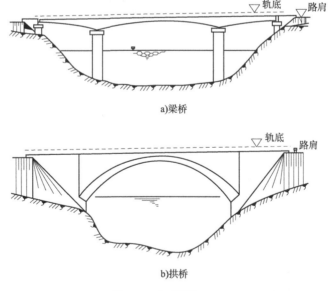

图2-17 各式桥梁(一)

(4)按跨越障碍分,有跨河桥、高架桥和立交桥等。跨河桥是桥梁的主要类型,作用在于跨越江河、湖泊等,如图2-18a)所示;高架桥则是跨越山谷深洼或其他建筑物的桥梁,用以代替高路堤,如图2-18b)所示;立交桥是跨越公路、铁路的桥梁,以避免相互干扰,如图2-18c)所示。

a)跨河桥

b)高架桥

c)立交桥

图2-18 各式桥梁(二)

(二)涵洞

涵洞设在路堤下面的填土中,是用以通过水流的一种建筑物。按照建筑材料的不同,涵洞有石涵、混凝土涵、钢筋混凝土涵、铁涵等多种。涵洞的截面有矩形、圆形、拱形等不同形式。涵洞的孔径一般为 0.75~6m,如图 2-19 所示。

(三)隧道

隧道是铁路线路越过山岭时,为避免开挖深路堑或修建很长的迂回线,而修建的穿越山岭的建筑物。此外,还有各种水底隧道以及大中城市的地下铁道。

1. 隧道的组成

隧道一般由洞身、衬砌、洞门和避车避人洞几部分组成。图 2-20 所示为隧道洞口及洞身。

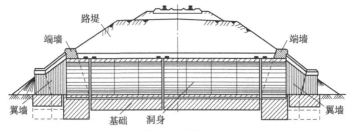

图 2-19 涵洞

a)　　　　　　　　　　　　　　b)

图 2-20 隧道洞口及洞身

洞身是隧道的主体部分,是列车通过的通道。为保证行车安全,洞身应具有一定的净空,按规定的隧道建筑接近限界确定横断面。衬砌指沿隧道周边用石料、混凝土等筑的支撑结构,其作用是承受地层压力,阻止坑道周围地层的变形,防止岩石的风化、坍塌,以保证行车安全。洞门指隧道进出口的建筑装饰结构,它的作用是保持洞口上方及两侧坡面的稳定,并将洞口上方流下的水通过洞门处的排水沟引离隧道,从而保证隧道的正常使用。避车洞与避人洞指设于隧道内两侧边墙上交错排列的附属建筑物,它们是为列车通过时便于工作人员、行人及运料小车躲避而修建的。避车洞每隔 300m 设一个,避人洞在相邻避车洞之间每隔 60m 设一个。

2. 铁道隧道的种类

铁道隧道按长度可分为一般隧道(长度小于 2000m)、长隧道(长度为 2000～5000m)和特长隧道(长度大于 5000m);按所在位置和埋藏条件又可分为傍山隧道、越岭隧道、地下铁道;按洞内行车线路的多少还可分为单线隧道、双线隧道及多线隧道等。

任务实施

步　骤	内　　容	备　注
课前准备	课前预习路堤、路堑与桥隧建筑物的相关知识	
现场参观	听现场人员讲解相关知识	
课堂讨论	根据参观内容,课堂上进行讨论、交流	
教师总结	教师对课程内容进行总结	

任务测评

教师依据同学们的回答情况,进行分组点评,并给出测评成绩。

序　　号	评价内容	完 成 情 况	存 在 问 题	改 进 措 施
1	课前知识查阅情况			
2	路堤、路堑与桥隧建筑物的相关知识掌握情况			
3	教师评价			

课后小结

根据老师的评价,各小组进行总结。

姓名		组号		教师	

自我小结:

任务3　轨道构造认知

学习目标

1. 了解轨道基本组成。
2. 掌握钢轨、轨枕、道岔等主要部件的标准。
3. 能指出轨道各部件名称、标准、用途。
4. 养成虚心向现场师傅学习的工作作风。

问题与思考

平时坐火车时,你见过钢轨吗,观察过钢轨的结构吗?你知道火车是如何实现从一个轨道运行到另一个轨道吗?

工作任务

教师组织学生到现场参观,听工作人员介绍轨道的构造。参观时,针对现场工作提问,回到课堂进行总结交流。

预备知识

在路基、桥隧建筑物修成之后,就可以在上面铺设轨道。轨道由钢轨、轨枕、连接零件、道床、防爬设备和道岔等主要部件组成。它直接承受由车轮传来的巨大压力,并把它传递给路基或桥隧建筑物,起着机车车辆运行的导向作用。

一、轨道的组成

轨道由钢轨、轨枕、连接零件、道床、防爬设备、道岔等组成。如图 2-21 所示。

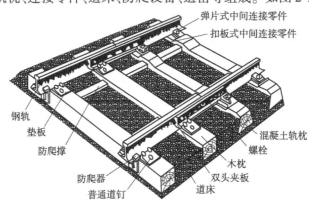

图 2-21 轨道的基本组成

1. 钢轨

钢轨的作用是直接承受车轮的巨大压力并引导车轮的运行方向,因而它应当具备足够的强度、稳定性和耐磨性。

图 2-22 钢轨的组成

为了使钢轨具有最佳的抗弯性能,钢轨的断面形状采用"工"字形,如图 2-22 所示,钢轨由轨头、轨腰和轨底组成。

在我国,钢轨的类型或强度以每米长度的大致质量(公斤数)表示,现行的标准钢轨类型有:75kg/m、70kg/m、60kg/m、50kg/m。

钢轨的长度长一些好,可以减少接头的数量,列车运行平稳并可节省接头零件和线路的维修费用,但是由于加工条件和运输条件的限制,一根钢轨的轧制长度是有限的。目前我国钢轨的标准长度有 25m 和 12.5m 两种,对于 75kg/m 钢轨只有长 25m 一种。此外,还有专供曲线地段铺设内轨用的标准缩短轨若干种。

2. 轨枕

轨枕的作用是支承钢轨,并将钢轨传来的压力传递给道床,同时可保持钢轨位置和轨距。

轨枕按照制作材料分,主要有钢筋混凝土枕和木枕两种。我国铁路所使用的主要是预应力混凝土枕。

木枕具有弹性好、形状简单、加工容易、质量轻、铺设和更换方便等优点。其主要缺点是消耗大量木材,使用寿命较短。经过防腐处理的木枕,一般可用 15 年左右,最多不过 30 年。为了保护生态平衡和森林资源,木枕的使用将越来越受限制。钢筋混凝土轨枕使用寿命长、稳定性能高、养护工作量小,加上材料来源较广,所以在我国铁路上得到广泛采用,不仅可以节省大量木材,还有利于提高轨道的强度和稳定性。

3.连接零件

连接零件分为接头连接零件和中间连接零件。

(1)接头连接零件是用来连接钢轨与钢轨间的接头的。如图2-23所示,先用两块鱼尾板夹住钢轨,然后用螺栓拧紧。为防止螺栓松动,在螺母与鱼尾板之间,加有弹簧垫圈。

(2)中间连接零件(又称扣件)的作用是将钢轨紧扣在轨枕上。中间连接零件因轨枕的不同,有木枕用扣件和钢筋混凝土枕用扣件两类。

①木枕扣件及连接方式。

目前,主要有混合式和分开式两种。

a.混合式。

目前大量采用的是混合式。混合式是先用道钉把垫板与木枕扣紧,然后再用道钉将钢轨、垫板和木枕三者同时连接。混合式扣件零件少,安装成本低,但扣紧力不如分开式,如图2-24所示。

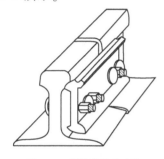
图2-23 钢轨的接头连接

图2-24 钢轨与木枕用普通道钉和垫板的连接

b.分开式。

分开式是将垫板分别与轨枕和钢轨单独扣紧。

分开式扣压力大,能有效防止钢轨的横、纵向位移,同时便于安装与更换,但成本高,在特殊线路与桥上线路使用,如图2-25所示。

②钢筋混凝土枕扣件及连接方式。

由于混凝土枕质量大、刚度大,因而钢筋混凝土枕扣件的性能比木枕扣件好,主要表现为扣压力足、适当的弹性和具有绝缘性能,如图2-26所示。

图2-25 钢轨与木枕的分开式连接

图2-26 钢轨与钢筋混凝土枕连接

4. 道床

道床介于轨枕与路基之间,是轨道的重要组成部分。道床是铺设在路基面上的石渣(道渣)垫层,如图2-27所示。主要作用是支承轨枕,把从轨枕上部的压力均匀地传递给路基;固定轨枕的位置,阻止轨枕纵向或横向移动;缓和机车车轮对钢轨的冲击。

道床的材料应当具有坚硬、不易风化、富有弹性、有利于排水的特点。常用的材料有碎石、卵石、粗砂等。其中,以碎石为最优。我国铁路一般都采用碎石道床,如图2-27所示。道床的断面呈梯形,其顶面宽度、边坡坡度及道床厚度等均按轨道的类型而定。

5. 防爬设备

列车运行时,车轮作用于钢轨上,除产生竖直力和横向力外,还产生一个纵向水平推力,能引起钢轨的纵向移动,有时甚至带动轨枕沿着线路方向一起移动,此种现象称为轨道的爬行。

轨道爬行经常出现在单线铁路的重车方向(运量大的方向)、复线铁路的行车方向以及长大下坡道上和进站前的制动距离内。

轨道爬行往往引起轨缝不匀、轨枕歪斜等线路病害,对轨道的破坏性极大,严重时还会危及行车安全。因此,必须采用有效措施加以防止。通常的做法是:一是加强钢轨与轨枕间的扣压力和道床阻力;二是设置防爬设备(防爬器和防爬撑),如图2-28所示。常用的防爬器为穿销式防爬器。

图2-27 碎石道床

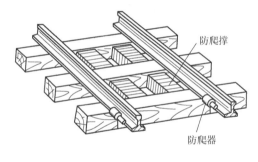

图2-28 防爬设备组成

6. 道岔

道岔是一种使机车车辆能从一股道转入另一股道的线路连接设备,在车站上大量铺设。最常见的是普通单开道岔。

道岔是铁路轨道的重要组成部分。由于道岔数量多、使用寿命短、限制列车速度、行车安全性低,因而与曲线、接头并称为轨道的三大薄弱环节。

道岔种类很多,常见的有普通单开道岔、双开道岔、三开道岔、交分道岔、交叉设备等。

(1)普通单开道岔。

①组成。

普通单开道岔由转辙器、辙叉及护轨、连接部分三部分所组成。具体可以分为以下部件:基本轨、尖轨、转辙机械;辙叉心、翼轨、护轨;直轨、导曲线轨,如图2-29所示。

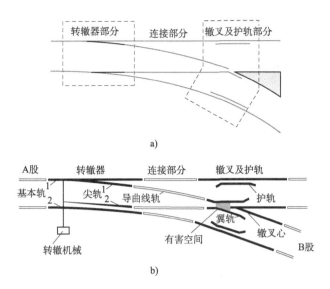

图 2-29 普通单开道岔

②转辙器部分的功用与组成。

功用：引导机车车辆的行驶方向。

组成：两根基本轨、两根尖轨、转辙机械。

基本轨是用 12.5m 或 25m 标准轨经过适当加工制成。主线基本轨为直线。侧线基本轨为折线或曲线形。

尖轨是转辙器的主要部件，通过连接杆与转辙机械相连，所以操纵转辙机械可以改变尖轨的位置，确定道岔的开通方向。

③辙叉及护轨部分的功用与组成。

功用：保证车轮安全通过两股轨线的相互交叉处。

组成：辙叉心、翼轨及护轨。其中，辙叉心和翼轨是辙叉的主要构成部分。

从两翼轨最窄处到辙叉心实际尖端之间，存在着一段轨线中断的空隙，叫作辙叉的有害空间，如图 2-29 所示。当机车车辆通过辙叉有害空间时，轮缘有走错辙叉槽而引起脱轨的可能。因此，必须设置护轨，对车轮的运行方向实行强制性的引导。

护轨能正确引导机车车辆轮对的走向，防止其撞击辙叉心，使列车平顺、安全地通过有害空间，如图 2-30 所示。

④连接部分的功用与组成。

功用：连接转辙器和辙叉及护轨的部分，使之成为一组完整的道岔。

组成：两根直轨、两根导曲线轨。在导曲线上一般不设缓和曲线和超高，所以列车在侧向过岔时，速度要受到限制。

⑤活动心轨辙叉。

有害空间是限制列车过岔速度的一个重要因素。为适应列车高速运行的要求，国内外都发展

图 2-30 辙叉及护轨部分实物图

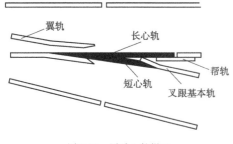

图 2-31 活动心轨辙叉

了各种活动心轨道岔,如图 2-31 所示。这种道岔的辙叉心轨和尖轨是同时被扳动的,当尖轨开通某一方向时,辙叉心轨就与开通方向一致的翼轨密贴,与另一翼轨分开,从而消灭了有害空间。因此,活动心轨道岔具有行车平稳、直向过岔速度限制较少等优点。

(2)其他类型道岔与交叉设备。

除了普通单开道岔以外,按照构造上的特点及所连接的线路数目,还有对称道岔、三开道岔和交分道岔等。

①对称道岔。

对称道岔是单开道岔的一种特殊形式。整个道岔对称于主线的中线或辙叉角的中分线,列车通过时无直向及侧向之分,如图 2-32 所示。

图 2-32 对称道岔

与普通单开道岔相比,对称道岔的优点是:辙叉号码相同时,其导曲线半径较大;道岔全长较短。因此,常被使用在驼峰编组场的头部或尾部以及工业企业的厂内线,组织不停车会车的双线插入段。

②三开道岔。

三开道岔的特点是可以同时衔接三条线路,所以具有两套尖轨,分别用两组转辙机械操纵,如图 2-33 所示。

其优点是长度较短;缺点是尖轨削弱较多,转辙器使用寿命短;两普通辙叉在主线内方无法设置护轨,机车车辆沿主线不能高速运行。

③交分道岔。

交分道岔有单式道岔、复式道岔之分。复式交分道岔相当于两组对向铺设的单开道岔和一副菱形交叉设备的结合体,实现不平行股道的交叉,具有道岔长度短,开通进路多以及两个主要行车方向均为直线等优点,如图 2-34 所示。

图 2-33 三开道岔

三开道岔和交分道岔的共同特点是将一个道岔套到另一个道岔内,既减少用地,又起到两幅道岔的作用,故这类道岔称为复式道岔,而单开道岔和对称道岔,则称为单式道岔。

如果将四副单开道岔和一副菱形交叉设备组合在一起时,则称为交叉渡线,如图2-35所示。交叉渡线不仅可以开通较多的方向,而且可以节省用地。它也是车站内使用较多的一种连接设备。

图 2-34　交分道岔

图 2-35　交叉渡线

除了各种道岔以外,还有一种线路交叉设备,即前面提到的菱形交叉,如图2-36所示。它由两组锐角辙叉和两组钝角辙叉组成。菱形交叉没有转辙器部分,机车车辆通过交叉设备时,只能沿着原来线路继续运行而不能转线。

图 2-36　菱形交叉

(3)道岔号数及列车过岔速度。

道岔因其辙叉角的不同,有不同的道岔号(N),道岔号数表明了道岔各部分的主要尺寸。对于道岔号我们习惯用辙叉角(α)的余切值来表示,如图2-37所示,即:

$$N = \cot\alpha = \frac{FE}{AE} \tag{2-4}$$

道岔是线路提高速度的主要控制因素之一。列车通过道岔的速度分为直向过岔速度与侧向过岔速度两种。

辙叉角 α 越小,N 值越大,导曲线半径也就越大,机车车辆侧线通过道岔时就越平稳,允许的过岔速度也就越高。所以,采用大号码道岔对于列车运行是有利的。然而,道岔号数越大道岔全长就越长,铺设时占地就越多。因此,采用几号道岔来连接线路,要根据线路的用途来决定。

图 2-37　道岔号数计算示意图

二、无缝线路和新型轨下基础

1. 无缝线路

通常是在焊轨厂将标准轨焊接成 250～500m 的轨条,再运到现场就地焊接成为 1000～2000m 后铺设。无缝线路在其长钢轨段内消灭了轨缝,从而消除了车轮对钢轨接头的冲击,使得列车运行平稳、旅客舒适,延长了线路设备和机车车辆的使用寿命,减少了线路养护维修工作量,并能适应高速行车的要求,是轨道现代化的发展方向。

铺设无缝线路的关键是设法克服长钢轨因轨温变化而产生的温度力问题。为此,无缝线路上长钢轨的两端是用钢轨连接零件和防爬设备加以强制性固定的,其他部分也是采用强度大的中间连接零件和防爬设备使之紧扣于钢筋混凝土轨枕之上,称为锁定线路。锁定时(即铺设或维修时)的钢轨温度,称为锁定轨温。当温度变化时,钢轨不能自由伸缩,只能在钢轨内部产生应力,这个力是由轨温变化引起的,叫做温度力。它均匀地作用在钢轨的全长上。夏天轨温升高,钢轨内部产生压应力;冬天轨温降低,钢轨内部产生拉应力。温度力只和轨温变化有关。可见,选择适当的锁定轨温,对无缝线路的强度和稳定性具有很大影响。选择锁定轨温时,应使钢轨在冬季和夏季所受到的最大温度力尽量接近,一般采用稍高于本地区的中间轨温作为锁定轨温,比较适宜。

2. 宽混凝土轨枕和整体道床

宽混凝土轨枕(又称轨枕板)比普通钢筋混凝土轨枕宽而且稍薄,它在线路上是连续铺设的。

宽混凝土轨枕的轨道沉陷较小,也不易发生坑洼不平和道床脏污现象。同时,由于它与道床和轨底的接触面积增大而提高了线路的稳定性,改善了钢轨的受力条件,有利于高速行车。我国已在隧道内、大桥桥头、大客运站上采用,并且在主要干线上也逐步扩大使用。

整体道床就是用碎石加水泥浆,或者用混凝土、钢筋加混凝土直接在路基面上筑成坚固的轨道基础,用以代替通常的碎石道床。这是一种刚性轨下基础,线路的强度高、维修工作量少,适合于高速运行。目前我国大部分是在隧道内铺设。

 任务实施

步　骤	内　容	备　注
课前准备	课前预习轨道构造的相关知识	
现场参观	听现场人员讲解相关知识	
课堂讨论	根据参观内容,课堂上进行讨论、交流	
教师总结	教师对课程内容进行总结	

 任务测评

教师依据同学们的回答情况,进行分组点评,并给出测评成绩。

序　号	评价内容	完成情况	存在问题	改进措施
1	课前知识查阅情况			
2	轨道构造掌握情况			
3	教师评价			

课后小结

根据老师的评价,各小组进行总结。

姓名		组号		教师	
自我小结:					

任务4　限界规定及工务工作

学习目标

1. 了解铁路建筑限界、机车车辆限界。
2. 掌握铁路维修养护工作内容。
3. 能参与工务实际工作。
4. 养成虚心向现场师傅学习的工作作风。

问题与思考

为了确保机车车辆在铁路线路上的运行安全,防止机车车辆撞击邻近线路的建筑物和设备,而对机车车辆和接近线路的建筑物、设备所规定不允许超越的轮廓尺寸线,就叫作限界。那么,限界是如何规定的呢?

工作任务

教师组织学生到线路、工务段参观,听工作人员介绍铁路限界基本知识,介绍工务段的实际工作。学生根据活动要求做好课前准备。参观时,针对现场工作提问,回到课堂进行总结交流。

> 预备知识

铁路基本限界有机车车辆限界和建筑接近限界两种。

一、铁路限界规定

(一) 机车车辆限界

机车车辆限界是机车车辆横断面的最大极限,如图 2-38 所示。它规定了机车车辆不同部位的宽度、高度的最大尺寸和底部零件至轨面的最小距离。机车车辆的任何部位,在任何情况下(除特殊情况)都不得超出机车车辆限界规定的尺寸。机车车辆限界是和桥梁、隧道等限界起相互制约作用的。当机车车辆在满载状态下运行时,不会因产生摇晃、偏移等现象而与桥梁、隧道及线路上其他设备相接触,以保证行车安全。

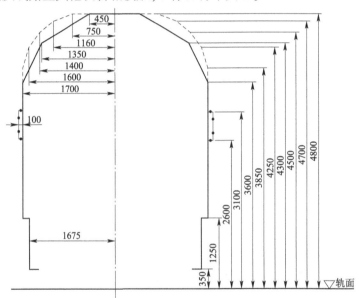

―――― 机车车辆限界基本轮廓   ┄┄┄┄ 电力机车限界轮廓   ●━●━● 列车信号、后视镜装置限界轮廓

图 2-38 机车车辆限界(尺寸单位:mm)

(二) 建筑接近限界

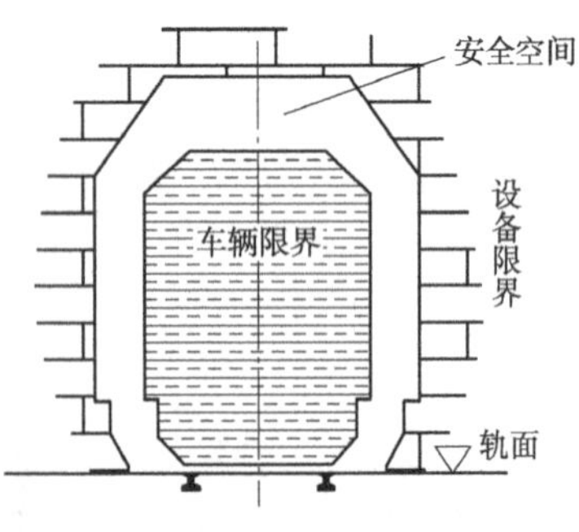

建筑接近限界是一个和线路中心线相垂直的横截面,如图 2-39 所示。它规定了保证机车车辆安全通行所必需的横截面最小轮廓尺寸。凡靠近铁路线路的建筑物和设备,其任何部位都不得侵入建筑接近限界之内。

机车车辆限界及直线段建筑接近限界之间的空间为安全空间。留有安全空间的目的:当机车车辆在满载状态下正常运行时,不会因摇晃、偏移等现象而与桥梁、隧道及线路上的其他设备相接触,从而保证行车安全。

图 2-39 建筑接近限界

此外,随着经济的发展,经由铁路运输的长大货物不断增加,当货物装车后,货物任何部分的高度和宽度超过机车车辆限界时,称为超限货物。按货物超限的程度,分为一级超限、二级超限和超级超限三个级别。对于超限货物的运输,则要采取特殊的组织方法来进行。

二、工务作业

为了确保列车能按规定的最高速度,安全、平稳和不间断地运行,以及延长线路各组成部分的使用寿命,必须加强线路的养护和维修工作,以便线路设备经常保持完好状态。这就是铁路工务部门的基本任务。

工务段是线路维修与养护的基层单位,下设若干个领工区,领工区下设 4~5 个工区和机械化维修工队,负责管辖范围内的线路维修与养护工作。在铁路局集团公司下面,一般还设有线路、桥隧大修队,负责管内线路、桥隧的大中修以及无缝线路的铺设工作。

线路的维修与养护工作主要包括线路的经常维修和线路的大、中修。

(一)线路经常维修

线路经常维修的基本任务是经常保持线路状态的完好,使列车能以规定速度安全、平稳和不间断地运行,并尽量延长设备使用寿命。线路经常维修工作包括综合维修(计划维修)紧急补修、重点病害整治和巡道工作等。

(1)综合维修是按周期对线路进行综合性修理,以改善轨道弹性,调整轨道几何尺寸,整修和更换设备零部件,恢复线路完好的技术状态。我国铁路规定,所有正线、到发线、道岔和主要站线、专用线每年必须做一次计划维修。综合维修的基本作业包括起道、拨道、改道、调整轨缝、捣固、清筛道渣等。起道是矫正线路的纵断面,就是将钢轨和轨枕向上抬至必要高度;拨道是矫正线路的平面,就是将钢轨和轨枕一起横移至规定位置;改道是改正轨距;揭固是将钢轨底部轨枕下的道渣捣压密实。

(2)紧急补修是指在计划维修之外的个别地点,由于出现超过容许误差的线路质量问题而必须立即进行的紧急修理工作。

(3)重点病害整治是指彻底消除线路上较长时期存在的、工作量大的某些病害,如全面整治接头、整治线路爬行、彻底整治路基翻浆冒泥等。

(4)巡道工作是指由巡道工人在工区管辖范围内负责巡视钢轨、道岔以及连接零件等的状态,查看路基是否有沉陷、塌方、水害、雪害等情况,以及信号及线路标志是否完好等。

此外,巡道工人还应对所发现的不良现象尽可能做好处理工作,以保证行车安全。

(二)线路中修

中修是在两次大修之间的修理,是延长大修周期的重要手段。中修的目的是消灭上次线路大修以后由于列车通过而积累,但又不是经常维修所能消除的病害。中修的主要内容是加强道床,解决道床不洁及厚度不足问题,同时更换失效轨枕、整修钢轨,使线路质量基本上恢复到或接近于原来的标准。

(三)线路大修

线路经常维修的特点在于预防线路病害的发生,保持线路的完好状态。但是经过较长时间后,线路的各个部分还会发生磨损或变形。当磨损或变形达到相当程度时,单靠经常维修就难以整治了,因此有必要进行线路大修。线路大修施工的内容有:矫正并改善线路的平面和纵断面;全面更换或抽换、修理钢轨;更换或补充软枕;清筛和更换道床,补充道砟,全面起道并捣固、改善道床断面;整治路基和安装防爬设备等。线路经过大修后,其质量标准应符合设计要求。

(四)线路养护维修作业的机械化

为了减轻线路养护与维修作业人员的劳动强度,提高作业质量和作业效率,节约维修费用,世界各国都在努力研制各种养路机具。目前,养路机械已由小型到大型、由低级到高级、由单机到联合机械,逐步发展到采用先进技术设备的大型、高效、多功能的机械,大型起道拨道、捣固联合作业机、清筛机、线路大修列车等。各国的实践证明,由于实现维修作业核化,使线路质量和作业效率大大提高,维修费用和人力也得到大量节省。

 任务实施

步 骤	内 容	备 注
课前准备	课前预习限界规定及工务工作的相关知识	
现场参观	听现场人员讲解相关知识	
课堂讨论	根据参观内容,课堂上进行讨论、交流	
教师总结	教师对课程内容进行总结	

 任务测评

教师依据同学们的回答情况,进行分组点评,并给出测评成绩。

序 号	评价内容	完成情况	存在问题	改进措施
1	课前知识查阅情况			
2	限界规定及工务工作掌握情况			
3	教师评价			

 课后小结

根据老师的评价,各小组进行总结。

姓名		组号		教师	
自我小结:					

项目 3　铁　路　车　辆

任务 1　铁路车辆的基本常识

学习目标

1. 了解铁路车辆的种类。
2. 掌握铁路车辆标记、主要技术参数。
3. 养成虚心向现场师傅学习的工作作风。

问题与思考

我们平时坐火车,不同种类的火车,其速度、车内设施等都不相同,那么你知道铁路车辆可以分成多少类吗?

工作任务

教师组织学生到车辆段参观,听工作人员介绍铁路车辆基本常识。学生根据活动做好课前准备。参观时针对现场工作提问,回到课堂进行总结交流。

预备知识

铁路车辆是铁路运输的重要设备,是用来运送旅客、装运货物或作其他特殊用途的运载工具。它一般没有动力装置,必须把车辆连挂成列,由机车牵引才能沿线路运行。铁道车辆按用途分为客车、货车及特种车三种。

一、客车

客车可分为运送旅客、为旅客服务和特殊用途三种。

(一) 运送旅客的车辆

1. 硬座车

硬座车是旅客座位为半硬制品(如泡沫塑料)或木制品的座车。相对的两组座椅心中距离在 1800mm 以下的座车,如图 3-1a)、b)所示。

2. 软座车

软座车是旅客座位及靠垫设有弹簧装置,相对的两组座椅中心距离在 1800mm 以上的座车,如图 3-2a)、b)所示。

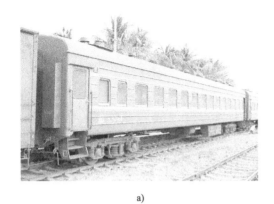 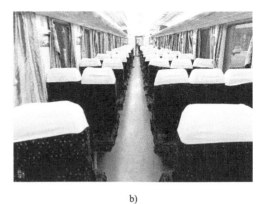

a) b)

图 3-1 硬座车

 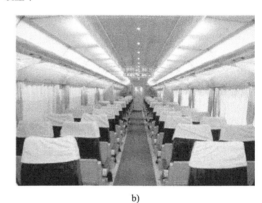

a) b)

图 3-2 软座车

3. 硬卧车

敞开式硬卧卧铺为三层,铺垫为半硬制品(如泡沫塑料)或木制品的,卧室为敞开式或半敞开式,如图 3-3a)、b)所示。

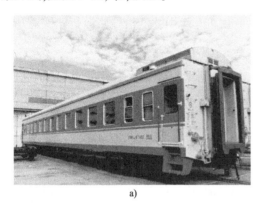 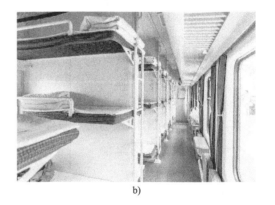

a) b)

图 3-3 硬卧车

4. 软卧车

普通软卧卧铺为两层,铺垫有弹簧装置,卧室为封闭式单间,单间定员不超过 4 人,如图 3-4a)、b)所示。

高级软卧是旅客列车席别中的一种,每个包厢拥有两名旅客(有部分包厢为单人间或4人间),一般来说高级软卧的型号都是19系列如19A、19K、19T),也有少数为18系列和24系列。包厢的另外一侧是一个沙发,配置相应的设施,干净舒适。高级软卧是我国列车席别的最高级,票价也是最贵的,多被编组于动卧列车和国际列车。

a)

b)

图3-4 软卧车

5. 合造车

合造车是一辆车上同时设有两种或两种以上用途的车内设备的车辆,如软硬座合面车、行李邮政合造车等。

6. 双层客车

双层客车是设有上、下两层客室的座车或卧车,如图3-5所示。

图3-5 双层客车

7. 简易客车

简易客车是设有简易设备的客车。

8. 代用客车

代用客车是用货车改装的、代替客车使用的车辆,如代用座车、代用行李车等。

(二) 为旅客服务的车辆

1. 餐车

餐车是供旅客在旅行中饮食就餐用的车辆,车内设有厨房、餐室及储藏室(同时还有小卖部)等设备,如图3-6所示。

2. 行李车

行李车是供运输旅客行李及物品的车辆,车内设有行李间及办公室等设备,如图3-7所示。

图 3-6　餐车

图 3-7　行李车

(三) 特种用途的车辆

1. 邮政车

邮政车是供运输邮件使用的车辆,车内设有邮政间及邮政员办公室等设备。常固定编挂于旅客列车中,如图3-8所示。

2. 空调发电车

空调发电车是专给集中供电的空调车供电的车辆,车内设有柴油发电机组,如图3-9所示。

图 3-8　邮政车

图 3-9　空调发电车

3. 公务车

公务车是供国家机关人员到沿线检查工作时办公用的专用车辆。

4. 医疗车

医疗车是到铁路沿线为铁路职工及家属进行巡回医疗使用的车辆,车内设有医疗设备。

5. 卫生车

卫生车是专供运送伤病员使用的车辆,车内设有简单的医疗设备。

6. 试验车

试验车是供科学技术试验研究使用的车辆,车内设有试验仪器设备。

7. 维修车

维修车是供检查和维修铁道线路设备的车辆,车内设有必要的维修检查装备。

8. 文教车

必要的文娱和教育用器具及设备。

9. 宿营车

宿营车是供列车上乘务人员休息使用的车辆。

二、货车

货车是供运送货物的车辆,原则上编组在货物列车中使用。货车类型很多,按用途可分为通用货车、专用货车和特种货车。

(一) 通用货车

通用货车可装载多种货物,有下列三种。

1. 敞车

敞车车体两侧及端部均设有 0.8m 以上的固定墙板,无车顶,主要用以装运散粒货物,如煤、焦炭等;可装运木材、集装箱等无须严格防止湿损的货物;也可加盖篷布,运输怕湿损的货物;还可装运质量不大的机械设备,因此,敞车具有很大的通用性,如图 3-10 所示。

图 3-10 敞车

2. 棚车

棚车车体设有车顶、侧墙、端墙和门窗,用以装运各种需防止湿损、日晒或散失的货物,如布匹、粮食等。除运货外,大部分棚车还可以临时代替客车运送旅客,如图 3-11 所示。

图 3-11 棚车

3. 平车

平车底架承载面是一个平面,通常两侧设有柱插,用来装运钢材、机器、设备、集装箱、汽车、拖拉机等。有的平车还设有可向下翻倒的活动矮侧墙和端墙,用来装运矿石、砂土等块粒状货物,如图 3-12 所示。

图 3-12 平车

(二) 专用货车

1. 罐车

罐车是设有圆筒形罐体,专用于装载液体、液化气体或粉状货物的车辆。按货物品种可分为轻油罐车、黏油罐车、沥青罐车、食油罐车、水罐车、化工品罐车、粉状货物罐车、液化气罐车等。按卸货方式可分为上卸式罐车和下卸式罐车等,如图 3-13 所示。

2. 保温车

保温车车体设有隔热材料,车内设有降温和加温设备,用以装运易腐货物,如鱼、肉、水果等;也可装运对温度有特殊要求的货物。根据保温设备的不同,保温车可分为加冰冷藏车、机械冷藏车和冷藏加温车等,如图 3-14 所示。

图 3-13 罐车

3. 煤车

煤车车体与敞车相似，有固定的端、侧墙和卸货用的特殊车门，如底开、横开或漏斗式车门等。车体的比容积大于或等于 $1m^3/t$，主要用以运送煤炭。平底的煤车也可以做敞车用。

4. 矿石车

矿石车车体有固定的侧、端墙和卸货用的特殊车门。车体比容积小于 $1m^3/t$，主要用以运送各种矿石、矿粉。有的整个车体能借液压或空气压力的作用向任一侧倾斜，并自动开启侧门，把货物倾泻出来（此种车辆也称为自动倾翻车，简称自翻车），如图 3-15 所示。

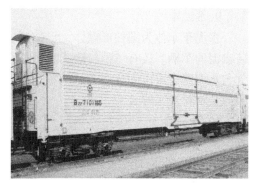

图 3-14　保温车

图 3-15　矿石车

5. 砂石车

砂石车又称低边车，有固定高度不足 0.8m 的侧墙，以防止过载，主要用于运送砂土、碎石等货物。

6. 长大货物车

长大货物车车体长度在 19m 以上，无墙板、载重 70t 以上，用以装运重量特大或长度特长的货物。有的车体中部凹下或设有落下孔，便于装载高大货物；有的将车辆分为两节，运货时将货物夹持和悬挂在两节之间或通过专门支架跨装于两节车上，称为钳夹车或双联平车，用以装运体积特别庞大的货物，如图 3-16 所示。

7. 通风车

图 3-16　长大货物车

通风车车体与棚车相似，但侧墙上设有百叶窗，顶棚设有通风口等通风设备，能从车外大量流入新鲜空气，而且能防止雨水侵入车内，用以运送鲜果、蔬菜等货物，也可运送一般货物。

8. 家畜车

家畜车车体与棚车相似，设有通风设备、给水设备、押运人员乘坐空间及饲料堆放间，有的还装有饲料槽，用以运送牛、马、猪等活家畜。根据运送家畜大小的不同，车体内还可加装隔板分层。

9. 水泥车

水泥车车体为圆柱形罐体，上部有装入水泥的舱孔，下部有漏斗式底开门，专供运送散装水泥的车辆。还有一种气卸式水泥车，下部设有引进压缩空气的进风口及卸货口，压缩空气与水泥混合后由卸货口通过卸货软管输入储存水泥的库中。使用散装水泥车，可节约大量包装材料及工时。

10. 活鱼车

活鱼车是运送鱼苗及活鱼用的车辆。车内设有水槽、注排水装置、水泵循环水流装置、通风口、百叶窗及加温装置等设备。

11. 集装箱车

集装箱车是车体上设有固定集装箱的设备，用以装运集装箱的车辆，如图3-17所示。

12. 漏斗车

漏斗车是车体上设有一个或数个带盖或不带盖的具有一定斜坡的装货斗的车辆。通常借货物的自重从漏斗口卸货。

13. 毒品车

毒品车是专供运送有毒物品的车辆，如运输农药等，如图3-18所示。

图3-17　集装箱车

图3-18　毒品车

三、特种用途车

特种用途车是具有特殊用途的车辆，主要有下列四种。

1. 救援车

救援车是供列车发生颠覆或脱轨事故时，排除线路障碍物及修复线路故障使用的车辆。一般编成救援列车，包括起重吊车、修复线路的工具车、材料车、救援人员的食宿车等，如图3-19所示。

2. 检衡车

检衡车是用于鉴定轨道平衡性能的车辆，设有磁码或同时设有操作机器，如图3-20所示。

图3-19　救援车

图 3-20　检衡车

3. 发电车

发电车是设有动力机械驱动的发电设备的车辆。有单节的,也有由发电车、机修车及发电人员生活用车等合编成的电站式车列,可称为电站车组。发电车能作为铁路线上流动的发电站,供缺电处所用电,如图 3-21 所示。

4. 除雪车

除雪车供扫除铁道上积雪之用。车上装有专门的除雪装置,一般由机车推动前进。此外,还有轨道检查车、轨道探伤车、隧道摄影车、限界检查车、锅炉车等特殊用途的车辆,如图 3-22 所示。

图 3-21　发电车　　　　　　　　　　图 3-22　除雪车

四、铁路车辆标记

为了满足运用、检修、管理和统计上的需要,铁路车辆均应按有关规定涂打车辆标记。

车辆标记是在车辆指定部位涂打的用于标明车辆配属、车种、车型、用途、编号、主要参数、方向、位置等的文字、数字和符号。车辆标记可分为运用标记、产权标记、检修标记。

(一)运用标记

1. 车号

车号一般由基本型号、辅助型号及号码三部分组成。

基本型号用汉语拼音的首字母表示,代表车辆种类,客车用两个字母表示,货车一般用一个字母表示,见表 3-1。

部分车辆的基本型号表　　　　　　　　表 3-1

货车			客车		
序号	车种	代号	序号	车种	代号
1	敞车	C	1	硬座车	YZ
2	棚车	P	2	软座车	RZ
3	平车	N	3	硬卧车	YW
4	集装箱平车	X	4	软卧车	RW
5	平车—集装箱共用车	NX	5	双层硬座	SYZ
6	罐车	G	6	双层软座	SRZ
7	矿石车	K	7	软硬座车	RYZ
8	毒品车	W	8	行李邮政车	XU
9	粮食车	L	9	硬卧行李邮政车	YWXU
10	水泥车	U	10	简易座	DP
11	小汽车双层平车	SQ	11	代用座车	ZD
12	特种车	T	12	餐车	CA
13	长大货物车	D	13	行李车	XL
14	保温车	B	14	邮政车	UZ
15	家畜车	J	15	公务车	GW
16	守车	S	16	卫生车	WS
17	活鱼车	H	17	医疗车	YL
18	砂石车	A	18	试验车	SY
19	自翻车	KF	19	维修车	WX
20	通风车	F	20	文教车	WJ
21	煤车	M	21	发电车	KD

辅助型号代表同一车型中的车辆在构造及设备方面的不同特点，用一位或者两位阿拉伯数字及汉语拼音字母表示，并标在基本型号的右下角。如 C_{62B} 表示敞车的重量系数和 B 类材质；YZ_{25G} 表示硬座车的车长系列和与同类车的结构区别。例子中的 62B 和 25G 为辅助型号。

号码表示按预先规定的规则而编排的某种车型的顺序编号，采用 7 位阿拉伯数字代码，其编码的基本规律：前 1~4 位表示车型车种，后 3~7 一般表示生产制造顺序等，用以区分同一类型的不同车辆，记在基本型号和辅助型号的右侧。货车按车种和标记载重分别编号、客车按车种分别编号，见表 3-2、表 3-3。

货车的车型号码编码表　　　　　　　　表 3-2

货车顺序号码				
序号	车种	车号容量	车号范围	预留号
1	棚车	500000	3000000~3499999	3500000~3999999
2	敞车	900000	4000000~4899999	4900000~4999999

续上表

货车顺序号码			
序号	车种	车号容量	车号范围	预留号
3	平车	100000	5000000～5099999	5100000～5199999
4	集装箱车	50000	5200000～5249999	5250000～5499999
5	矿石车	32000	5500000～5531999	5532000～5599999
6	长大货物车	100000	5600000～5699999	5700000～5999999
7	罐车	310000	6000000～6309999	6310000～6999999
8	冷藏车	232000	7000000～7231999	7232000～7999999
9	毒品车	10000	8000000～8009999	
10	家畜车	40000	8010000～8039999	
11	水泥车	20000	8040000～8059999	
12	粮食车	5000	8060000～8064999	
13	特种车	10000	8065000～8074999	8075000～8999999
14	守车	50000	9000000～9049999	9050000～9099999
15	海南车	100000	9100000～9199999	
16	自备车	999999	0000001～0999999	
17	备用	2000000	1000000～2999999	

客车的车型号码编码表　　　　　　　　　　　　　　　　　　　表3-3

客车顺序号码			
序号	车种	车号范围	车号容量
1	合造车	100000～109999	10000
2	行李车	200000～299999	100000
3	邮政车	7000～9999	3000
4	软座车	110000～199999	90000
5	硬座车	300000～499999	200000
6	软卧车	500000～599999	100000
7	硬卧车	600000～799999	200000
8	餐车	800000～899999	100000
9	其他车	900000～999999	100000

例如：车号为 $C_{64T}4871235$ 和 $YZ_{25G}484790$ 的两辆车，各车号中的字母和数字表示如下：

$C_{64T}4871235$，其中 C 表示基本型号为敞车，64T 表示辅助型号为载重64t装有提速转向架的货车，4871235 表示货车制造顺序号码。

$YZ_{25G}484790$，其中 YZ 表示基本型号为硬座车，25G 表示辅助型号为集中供电空调车，484790 表示客车制造顺序号码。

2. 车辆性能标记

车辆性能标记是表示客货车辆性能和构造尺寸的标记。货车的性能标记包括自重、载重、全长、换长等，通常标在车体两侧；客车的性能包括自重、载重、全长、换长、定员、容积（用在行李车、邮政车)等,通常涂打在车体两端。

(1)车辆载重:即车辆标记注明的货物或旅客和行李包裹(包括整备品及乘务人员)的质量,即车辆允许的最大装载量,以 t 为单位,它表明车辆的装载能力。

(2)车辆自重:空车时车辆本身的质量,即车体和转向架本身及附于其上的所有固定设备和时件质量之和,以 t 为单位,保留一位小数。

(3)车辆容积:货车内部可容纳货物的体积,一般以车体内部长×宽×高(单位为 m)表示,罐车以 m^3 表示。

(4)车辆定员:客车应在客室两内端墙上部和车体外端墙上,按客车设备标明可容纳的额定人数。

(5)车辆全长:在无纵向外力作用的情况下,车辆两端车钩在锁闭位时两钩舌内侧面间的水平距离,以米(m)为单位。

(6)车辆换长:换长是为了编组列车时统计工作的方便,将车辆全长换算成标准车的倍数来表示的长度。换算时以 11m 或 14.3m 为换算标准。

换长等于车辆全长/11m,或车辆全长/14.3m。计算结果中保留一位小数,尾数四舍五入。

3. 车辆设备、用途标记

⑩表示可以参加国际联运的客货车。

Ⓐ表示禁止通过机械化驼峰的货车。

㊜表示有活动墙板且活动墙板放下时超过机车车辆限界的车辆(装卸货物后,必须关好活动墙板)。

㊋表示具有车窗、床托等的棚车,可以运送人员。

㊋表示具有拴马环或其他拴马装置的货车。

㊗表示某部分结构超出车辆限界的货车。

㊵表示可装运坦克及其他质量较大的特殊货物的车辆。

㊋表示车辆(部分敞车、矿石车等)两侧梁端部设有挂卷扬机钢丝绳的挂钩(牵引钩),以便进行卷扬倒车(利用卷扬机钢丝绳牵引车辆移动位置)。

4. 车辆定位标记

(1)车辆方向的确定。

铁路车辆在前后、左右方向是一个接近对称的结构,在对称轴上或在对称的部位上有许多结构相同或相近的部件。设置车辆方位就像数学上给定坐标系一样,便于在设计、制造、检修、运用中确定同类型零、部件在车辆中的位置。车辆的方位一般以制动缸活塞杆推出的方向为第 1 位,相反的方向为第 2 位,并在车上规定的部位涂刷上方位标志,对于有多个制动缸的车辆,以人力制动机所在一端为第 1 位,另一端为第 2 位。对于有转向架群、多个人力制动机的长大货车,则以出厂时涂打的标记为准,如图 3-23 所示。

(2)零部件位置的确定

车辆的车轴、车轮、轴箱、车钩、转向架和其他零件的位置,都是由第 1 位车端数起,顺次数到第 2 位车端;或者人站立在车辆的 1 位端,面向 2 位端,从 1 位端数起到 2 位端,左手端为 1、3、5、7 等奇数,右手端为 2、4、6、8 等偶数。

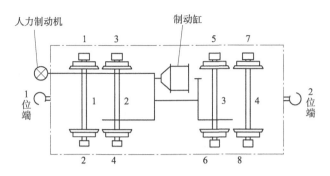

图 3-23　车辆方向的确定

(二) 产权标记

1. 国徽

凡是参加国际联运的客车须在侧墙中部外侧悬挂国徽,如图 3-24 所示。

2. 路徽

凡是产权归中国国家铁路集团有限公司的车辆均应在侧墙或端墙适当的部位涂刷路徽,表示人民铁道。对于货车还应在侧梁适当部位安装产权牌,如图 3-25 所示。

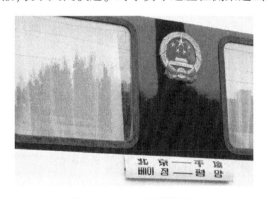

图 3-24　车辆上的国徽标记

图 3-25　车辆上的路徽标记

3. 路外厂矿企业自备车辆的产权标志

路外厂矿企业的自备车因运送货物或委托路内厂、段检修而需要在正线上行驶时,一般在侧墙上或其他相应部位用汉字涂打上"××企业自备车"字样,并注明企业所在地的特殊到站,如图 3-26 所示。

4. 配属标记

配属标记是表示车辆配属关系的标记。中国铁路规定所有客车和部分货车分别配属给各铁路局集团公司及其所属车辆段负责管理、使用和维修,并在车上涂打所配属的铁路局集团公司、段的简称,如"沈局吉段"表示沈阳铁路局集团有限公司吉林车辆段。客车配属标记涂在

图 3-26　企业自备车

图 3-27 车辆配属标记

车体两端墙外侧左下角,货车一般涂在侧墙外侧,如图 3-27 所示。

(三)检修标记

车辆检修标记是车辆根据运用年月或走行公里所进行的周期性检修的标记。车辆进行检修时,须在规定的位置涂打检修单位的简称和本次及下次检修的日期,以便明确其检修责任。

1. 厂、段修标记

标记中,第 1 栏为段修标记,第 2 栏为厂修标记;左侧为下次检修年月,右侧为本次检修年月及检修单位简称,如图 3-28 所示。

2. 辅修标记

货车辅修标记涂打在厂段修标记的下方或者右侧,并涂打"辅修"字样,且以表格的形式涂打,右上格及中间一格为本次检修月日以及承担该次检修的车辆段和列检所的简称,左上格为预定下次检修的月日,下面三格留待下次检修时填写,如图 3-29 所示。

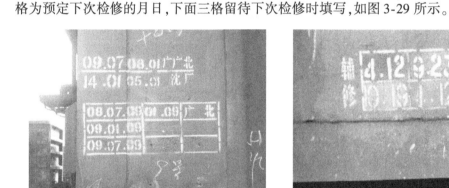

图 3-28 车辆厂、段修标记　　　　　图 3-29 车辆辅修标记

3. 摘车临修标记

车修的年、月、日及站修所。

五、车辆主要技术参数

车辆技术参数是表明车辆结构上和运用上某些特征的一些指标,除了自重、载重、容积等已在前面做了说明外,还有以下几项。

(一)车辆的主要尺寸

(1)车辆全长:车辆两端两个车钩均处于闭锁位置,钩舌内侧面之间的距离。

(2)车辆宽度与最大宽度:车辆宽度指车辆两侧的最外凸出部位之间的水平距离。车辆最大宽度指车辆侧面的最外凸出部位与车体纵向中心线间的水平距离的两倍。

(3)车辆高度与最大高度:空车时,车体或罐体上部外表面至轨面的垂直距离为车辆高度。车辆最大高度指空车时车辆上部最高部位至轨面的垂直距离。

(4)车体内部主要尺寸:

①车体内长:车体两端墙板内表面间的水平距离。

②车体内宽:车体两侧墙板内表面间的水平距离。

③车体内侧面高:由地板上平面至侧墙上侧梁的上平面间的垂直距离。

④车体内中心高:由地板上平面至车顶中央部内表面间的垂直距离。

(5)全轴距:任何车辆最前位和最后位车轴中心线间的距离。

(6)车辆定距:底架两端支承处,即两转向架心盘中心之间的距离,也称车辆销距。

(7)转向架固定轴距:同一转向架上的各轴,相互之间保持固定的平行位置,即同一转向架上的两相邻轮轴间的距离,称为转向架固定轴距。

(二)车辆的性能参数

(1)自重系数:指车辆自重与设计标记载重的比值。在保证强度、刚度和使用寿命的条件下,自重系数越小,说明机车对运送单位质量货物所做的功少,就越经济。自重系数是衡量车辆设计合理性的一个重要指标。

(2)比容系数:指设计容积与额定载重的比值。它可以衡量车辆装运某种货物时是否合理地利用了它的载重和容积(m^3/t)。

(3)轴重:指车辆总重(自重+载重)与全车轴数之比。轴重为车轴所允许担负的最大质量,其值一般不允许超过铁道线路及桥梁所允许的数值,而铁道线路允许的轴重则与钢轨型号、每公里线路上铺设的轨枕数量、线路上部结构的状态以及列车运行的速度等因素有关。

(4)每延米轨道载重:指车辆总重与车辆全长之比。其值不允许超过铁道线路及桥梁所允许承载的数值。

 任务实施

步　骤	内　　容	备　注
课前准备	课前预习铁路车辆分类、标记、主要技术参数的相关知识	
现场参观	听现场人员讲解相关知识	
课堂讨论	根据参观内容,课堂上进行讨论、交流	
教师总结	教师对课程内容进行总结	

 任务测评

教师依据同学们的回答情况,进行分组点评,并给出测评成绩。

序　号	评价内容	完成情况	存在问题	改进措施
1	课前知识查阅情况			
2	铁路车辆分类、标记、主要技术参数掌握情况			
3	教师评价			

📖 课后小结

根据老师的评价,各小组进行总结。

姓名		组号		教师	
自我小结:					

任务 2　铁路车辆的构造认知

📚 学习目标

1. 了解铁路车辆基本构造。
2. 掌握铁路车辆主要部件的功能。
3. 养成虚心向现场师傅学习的工作作风。

📖 问题与思考

平时坐火车时,我们总能看到不同种类的车辆,有运送旅客的,还有运送货物的,那么,它们的结构一样吗?

📚 工作任务

教师组织学生到车辆段参观,听工作人员介绍铁路车辆基本构造。学生根据课程要求课前做好准备。参观时,针对现场工作提问,回到课堂进行总结交流。

📖 预备知识

铁路车辆种类繁多,但其结构大致相似,一般都由车体、转向架、车钩缓冲装置、制动装置及车内设备五个基本部分组成。有些车型没有车内设备,只有客车、机械冷藏车、特定用途的棚车等根据需要设置一些车内设备。

一、车体

车体是旅客乘坐或装载货物的部分,装在车底架上。车体一般和车底架构成一个整体,支承在转向架上,其结构与车辆的用途有关。

(一) 货车车体

1. 平车

大部分平车车体只有地板,主要用于运送钢材、木材、汽车、机器等体积或质量较大的货物,也可借助集装箱运送其他货物。有的平车装有活动墙板,可用来装运矿石等散粒货物,如图 3-30 所示。

2. 敞车

敞车由地板、侧墙和端墙组成,车墙高度在 0.8 m 以上,两侧有门。敞车主要用于运送煤炭、矿石、钢材等不怕湿的货物。必要时也可以加盖防水篷布,以代替棚车装运怕湿货物。因此,敞车具有很大的通用性,是货车中数量最多的一种,如图 3-31 所示。

图 3-30　平车车体　　　　　　　　图 3-31　敞车车体

3. 棚车

棚车车体由端墙、侧墙、地板、车顶、门窗等部分组成。装运货物时关紧门窗,可以防止风吹日晒和雨雪的侵袭,便于保管,适合于运送日用品、仪器等比较贵重和怕湿的货物。大多数棚车为是通用型,但为了固定装运某些货物,还造有一些专用棚车,如家畜车,如图 3-32 所示。

4. 冷藏车

棚车冷藏车的车体与棚车车体外形相似,但车体外表为银灰色,墙板由两层壁板构成,壁板间充填绝热材料,以减轻外界气温的影响,车内设加温、制冷、测温和通风设备,主要用于运送新鲜蔬菜、鱼肉等鲜活易腐货物。目前,我国以成列或成组使用的机械保温车为多,车内装有制冷机(也可作加温用),并能自动控制车内温度,如图 3-33 所示。

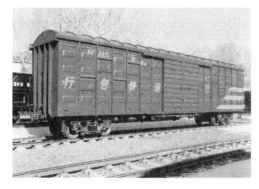

图 3-32　棚车车体　　　　　　　　图 3-33　冷藏车车体

5. 罐车

罐车的车体为圆筒形,具有较大的强度和刚度,是装运油、液化气、酒精和酸类等液体货物的专用车辆。为了保证液体货物运送时的安全,设有安全阀等设备。当外界温度发生变化时,罐内压力超过一定数值,安全阀自动打开放气,罐内压力低于一定数值时,通过安全阀补气。运输各类液体货物的罐车构造不同,罐车的通用性差,如图3-34 所示。

图3-34 罐车车体

(二) 客车车体

各种客车车体采用薄壁筒形结构,由底架、侧墙、车顶、内外端墙、门窗等组成。为了满

足旅客在旅行生活上的需要,内部设有坐卧设备、车电设备、通风设施和空调取暖设备等。新型客车的结构不断改善和提高,全车结构采用铝合金型材、玻璃钢、不锈钢等新型材料,如图3-35 所示。

(三) 车底架

车底架是车体的基础,如图3-36 所示。它承受车体和所装货物的重力,并通过上、下心盘将重力传给走行部。在列车运行时,它还

图3-35 客车车体

承受机车牵引力和列车运行中所引起的各种冲击力,所以必须具有足够的强度和刚度。货车车底架由中梁、侧梁、纵梁、枕梁、横梁及端梁等组成。

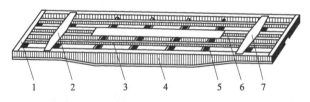

图3-36 货车车底架

1-端梁;2、7-枕梁;3-纵梁;4-侧梁;5-横梁;6-中梁

车底架的中梁、侧梁均制造成鱼腹形,目的是减少自重及降低车辆重心。

中梁位于车底架的中央,为车底架的骨干,两端是安装车钩缓冲装置的地方,是主要承受垂直载荷和纵向作用力的杆件。

枕梁是车底架和转向架摇枕衔接的地方。在枕梁下部安装的上旁承和上心盘,分别与转向架摇枕上的下旁承和下心盘相对并将重力传给走行部。

客车车底架构造和货车车底架相似。客车两端必须设置通过台,所以它的两端各有一个通过台架。

二、转向架

转向架可以引导车辆沿轨道运行,并把车辆的重力和货物载重传给钢轨。它应保证车辆以最小的阻力在轨道上运行,并顺利地通过曲线,如图 3-37 所示。

四轴货车上,四组轮对分成相同的两个部分,组成两个转向架。每个转向架是由两组轮对和轴箱油润装置、侧架、摇枕、弹簧减振装置等组成的一个整体。

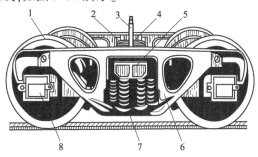

图 3-37 货车转向架

1-轮对;2-下心盘;3-中心销;4-旁承;5-摇枕;6-侧架;7-摇枕弹簧;8-轴箱

转向架通过摇枕上的下心盘、中心销和车底架枕梁上的上心盘相连接,可以相对于车底架作自由转动,缩短了车辆的固定轴距,便于车辆顺利地通过曲线。

转向架是车辆的重要部件之一,它承受并传递车体自重和载重,引导车辆沿轨道运行,并顺利地通过曲线,缓和或消减来自线路的冲击和振动,提高车辆运行的平稳性。走行部能否保持良好的状态,对于车辆的安全、平稳、高速运行有很大影响。除长大货物车外,一般车辆都安装两台二轴转向架。

目前,我国常见货车转向架有转 8、转 8A、转 8G、转 6、转 9 等,主要用于时速 100km 以下的货物列车;常见客车转向架包括 202 型、206 型、209T 型、209TK 型、209PK 型等,主要用于时速 120~160km 的普通客车。近年来,为了满足提速的要求,我国又使用了一些新型转向架,包括主要用于时速 120km 以上货物列车的转 K2、转 K3、转 K4、转 K5 和转 K6 型等货车转向架,以及主要用于时速 200km 以上的高速客车的 PW200 型、CW-200 型、SW220K 型等客车转向架。

(一) 轮对

轮对是两个车轮紧密地压装在一根车轴上组成的。轮对承受车辆的全部重力,以较高的速度引导车辆在钢轨上行驶,并与钢轨相互作用产生各种作用力。车轴两端伸进轴箱的部分叫轴颈,安装车轮的地方叫轮座,轴的中部为轴身。

车轮内侧外缘凸起的部分叫作轮缘。它的作用是防止轮对脱轨,保证车辆在线路上安全运行;车轮与钢轨头部的接触面,称为踏面。踏面做成一定的斜度(1/20)的理由如下:

(1)可使车辆的重心落在线路中心线上,以减少或避免车辆的蛇行运动,使轮对较顺利地通过曲线,减少车轮在钢轨上的滑行;

(2)在直线上运行时,使车辆的复原性好。由于踏面上设有斜度,钢轨铺设时也使它向线路中心具有 1:40 的轨底坡。

(二)轴箱油润装置

轴箱油润装置的作用是将轮对和侧架连接在一起,将车辆的重力传给轮对;保护轴颈,使轴承与轴颈间得到润滑,减少摩擦,防止在高速运行条件下发生热轴;防止尘砂、雨水等异物进入轴承及轴颈等部分,保证车辆安全运行。铁路车辆上有两种类型的轴箱装置,即滚动轴承轴箱和滑动轴承轴箱装置。

滑动轴承的主要缺点是运行阻力大,使用和保养不慎时容易发生燃轴事故,故已经被淘汰。现在大量采用的是滚动轴承轴箱。

滚动轴承的主要优点是能减少运动阻力(起动阻力可以降低85%左右),在牵引力相同的条件下,可以提高列车牵引重量和运行速度;减少燃轴事故,延长检修周期,缩短检修时间,加速车辆周转,节省油脂,降低运营成本。但由于车辆起动阻力降低,易使停留车辆产生溜逸,这是运输工作人员必须注意的问题,必须采取有效防溜措施。

(三)侧架、摇枕及弹簧减振装置

侧架和摇枕是货车转向架的主要部件,把转向架各零部件组成一个整体。它不仅承受、传递各种作用力,而且在侧架中部设有弹簧承台,是安装弹簧减震装置的地方。车体、车底架以及货物的重力通过转向架各部件传至钢轨的顺序是:上心盘→下心盘→摇枕→摇枕弹簧→弹簧承台→侧架→承载鞍→滚动轴承→轴→车轮→钢轨。

摇枕中间有下心盘,两旁铸有旁承座,它的两端支座在弹簧上,车体的重力和载荷通过下心盘经摇枕传给两侧的枕弹簧,并通过摇枕将两个侧架联系起来。

下旁承装在摇枕两端的旁承座内。当车辆通过曲线时,向下倾斜一侧的上旁承和下旁承相接触,可以防止车体过分摇动和倾斜。

客车转向架采用二系弹簧,其摇枕所承受的重力先要传给一系摇枕弹簧,再经摇枕吊、转向架构架传给二系弹簧后,再传给轴承。采用二系式弹簧装置,进一步改进了转向架的减振性能。它具有较高的平稳性,更适合高速运行。客货车用的枕弹簧一般为螺旋弹簧(也叫圆簧),用来缓和车辆在运行中的振动以及车辆对线路的冲击作用。

为了更好地减轻振动,除了弹簧装置以外,还采用其他减振设备,如我国客车转向架上采用的油压减振器,在高速客车、双层客车和地下铁道车辆转向架上还装有空气弹簧。

三、车钩缓冲装置

车钩缓冲装置安装在车底架中梁的两端,使机车车辆之间连挂一起,并传递牵引力和制动力,缓和列车运行或调车作业时所产生的冲击力。车钩缓冲装置包括车钩和缓冲器两部分,如图3-38所示。

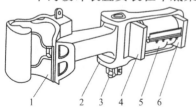

图3-38 车钩缓冲装置
1-车钩;2-钩尾框;3-钩尾销;4-前从板;5-缓冲器;6-后从板

(一)车钩

车钩是车钩缓冲器的主要部件,用以实现车辆的连挂、摘解和传递牵引力和冲击力。目前我国绝大部分货车使用13号车钩,客车使用15号车钩。

车钩由钩头、钩身和钩尾三个部分组成。钩头里装有钩舌、钩舌销、钩提销、钩舌推铁和钩锁铁等零部件,如图 3-39 所示。

根据铁路调车作业的需要,为了实现挂钩或摘钩,使车辆连接或分离,车钩应具有锁闭、开锁、全开三种位置。

(1)锁闭位置:车钩的钩舌被钩锁铁挡住不能向外转开的位置,称之为锁闭位置。两个车辆连挂在一起时车钩就处在这种位置。

(2)开锁位置:即钩锁铁被提起,钩舌只要受到拉力就可以向外转开的位置。

(3)全开位置:即钩舌已经完全向外转开的位置。

摘钩时,只要其中一个车钩处在开锁位置,就可以把两辆车分开。当两个车需要连挂时,只要其中一个车钩处在全开位置,与另一辆车钩碰撞后就可连挂。

(二)缓冲器

为了缓和并降低车辆在连挂、起动、制动时等产生的冲击力,提高列车运行的平稳性,延长车辆使用寿命,在车钩的后面装有缓冲器,如图 3-40 所示。

图 3-39　车钩实物图

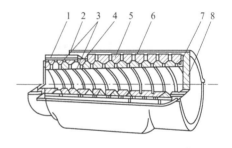

图 3-40　缓冲器
1-弹簧盒盖;2-弹簧盒;3-开口内环弹簧;4-小外环弹簧;5-大外环弹簧;6-内环弹簧;7-半环弹簧;8-底板

缓冲器有摩擦式和摩擦橡胶式两种。目前货车使用的缓冲器主要是 2 号、G2 号摩擦式缓冲器。

(三)提钩装置

摘挂车辆时,为了保证工作人员的人身安全以及工作上的方便,在车辆两端车钩的一侧,设有开启车钩的机构,称为提钩装置。

四、制动装置

制动装置是用外力迫使运行中的机车车辆减速或停车的一种设备。它不仅是列车安全、正点运行的重要保证,而且也是提高列车重量和运行速度的前提条件。

制动装置应有的功能:足够的制动力;制动力均匀一致;在长大下坡道,保持制动力不衰减;具有紧急制动能力;当列车在运行中分离时,应能制动停车。

目前,铁路广泛使用闸瓦摩擦式制动装置。它由制动机和基础制动装置两部分组成。产生制动原力的部分,称为制动机。将制动原力扩大并传递到闸瓦上的装置,称为基础制动装置。

我国机车车辆上安装的制动机主要有:空气制动机和人力制动机。空气制动机又叫作自动制动机,是利用压缩空气产生制动力的,一般作为列车制动用。人力制动机是用人力进行制动,一般只在调车时对个别车辆或车组实行制动用。

(一)空气制动机

1. 空气制动机组成

空气制动机的部件,一部分装在机车上,另一部分装在车辆上。装在机车上的有空气压缩机、总风缸、制动阀等。由空气压缩机产生的压缩空气储存在总风缸内。列车中车辆的制动与缓解作用,由机车司机操纵制动阀来实现。

安装在货车上的部件较多,以GK型空气制动机为例,如图3-41所示。

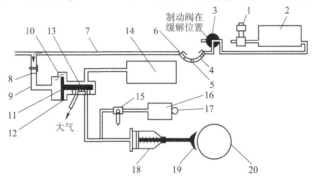

图3-41 空气制动机组成

1-空气压缩机;2-总风缸;3-制动阀;4-制动软管;5-连接器;6-折角塞门;7-制动主管;8-截断塞门;9-制动支管;10-充气沟;11-活塞;12-三通阀;13-滑阀;14-副风缸;15-空重车转换手把;16-降压风缸;17-安全阀;18-制动缸;19-闸瓦;20-车轮

(1)制动主管:安装在车底架下面,它贯通全车,是传送压缩空气的管路。它的两端装有折角塞门和制动软管,并用软管连接器与邻车的制动软管相连。

(2)折角塞门:折角塞门用以开通或关闭制动主管与制动软管之间的压力空气通路,以便车辆连挂或摘解。

(3)截断塞门:安装在制动支管上,用以开通或关闭制动支管的空气通路。它平时总在开放位置,由于装载货物的需要,或空气制动机发生临时故障时,才将它关闭,以便停止该辆车的制动机作用(通常把关闭了截断塞门、停止制动机作用的车辆叫作"关门车")。

(4)远心集尘器:利用离心力的作用,将压缩空气中的灰尘、水分、铁锈等杂质,沉淀于集尘器的下部,以免进入三通阀等机件。

(5)三通阀:是车辆制动机中最重要的部件。它连接制动支管、副风缸和制动缸,故称"三通阀"。用来控制压缩空气的通路,使制动机起制动或缓解作用。

(6)副风缸:是储存压缩空气的地方。制动时,利用三通阀的作用将压缩空气送入制动缸起制动作用。

(7)制动缸:当压缩空气进入制动缸后,推动制动缸活塞,将空气压力转变为机械推力,然后通过制动杠杆使闸瓦紧抱车轮而起制动作用。

(8)降压风缸:它与制动缸相连,两者之间设有空重车调整装置,可满足空、重车不同制动压力的要求。

(9)空重车调整装置:在 GK 型制动机上安装。在大型车辆上,如果不论空重状态都施加同样大小的制动力,对空车来说就太大,容易损坏车辆。用它来控制降压风缸与制动缸的通路,可以达到调整制动力的目的。它包括空重车转换手把和空重车转换塞门。

如果将空重车转换手把放在空车位置时,空重车转换塞门被打开,使制动缸与降压风缸连通。在这种情况下进行制动时,副风缸的压缩空气在进入制动缸的同时,也进入降压风缸中,由于容积的扩大,降低了进入制动缸内的空气压力,因而产生较小的制动力;当转换手把放在重车位时,降压风缸与制动缸间的通路被阻,制动时副风缸中的压缩空气经三通阀直接进入制动缸而产生较大的制动力。

2. 空气制动机的工作原理

(1)缓解作用:当司机将制动阀放在缓解位置时,总风缸内的压缩空气进入制动主管,经制动支管进入三通阀,推动主活塞向右移动,打开充气沟,使压缩空气经充气沟进入副风缸,直到副风缸内的空气压力和制动主管内的压力相等时为止。在三通阀主活塞移动的同时,和它连在一起的滑阀也跟着向右移动,使得制动缸内的压缩空气经过滑阀下的排气口排出,于是制动缸活塞被弹簧的弹力推回原位,使闸瓦离开车轮而缓解。

(2)制动作用:当司机将制动阀移到制动位时,制动主管内的压缩空气向大气排出一部分,这时副风缸内的空气压力大于制动主管内的压力,因而推动三通阀的主活塞向左移动,截断充气沟的通路,使副风缸内的压缩空气不能回流。在三通阀主活塞移动的同时,带动滑阀也向左移动,截断通向大气的出口,使副风缸内的压缩空气进入制动缸,推动制动缸活塞向右移动,通过制动杆的传动,使闸瓦紧抱车轮而制动。

(3)空气制动机的特点:

①减压制动。将制动主管内的压缩空气排出(减压)时制动,所以称为"减压制动"。当列车分离或拉动车长阀时,由于制动主管内的压缩空气向大气排出,压力突然降低,就可以自动地产生紧急制动作用,使列车立即停车,以防事故的发生或扩大。

②间接制动。这种制动装置在制动过程中不是直接用总风缸的压缩空气送入制动缸,而是用预先储存在副风缸内的空气送入制动缸起制动作用的,因此称为"间接制动"。它能使列车前后车辆的制动作用不致差别过大。

(4)新型空气制动机:为了适应铁路运输向重载、高速方向发展的需要,我国铁路已大量生产、装用新型空气制动机。新型空气制动机除增设一个工作风缸、用空气分配阀代替三通阀外,其余部分和上述空气制动机基本相同。

空气分配阀由中间体、主阀和紧急阀三部分组成。中间体一面接制动管、工作风缸;另一面接副风缸、制动缸。主阀是分配阀中最主要部分,具有控制充气、缓解、制动等作用。紧急阀能在紧急制动时加快制动管的排风速度,使制动作用可靠,提高制动波速和紧急制动的灵敏度。

工作风缸用来储存压缩空气。在紧急制动时,工作风缸和副风缸一起向制动缸输送压缩空气,使制动缸压力更快上升,紧急制动作用更加迅速。

新型空气制动机制动作用迅速、灵敏度高、制动力强,无论是在常用制动,还是在紧急制动时,都能缩短制动距离,有利于提高列车运行速度;列车前后车辆制动力比较一致;制动平稳,操纵方便,确保行车安全;便于检修等。装有新型制动机的车辆能与装有普通制动机的车辆混合编组使用。

(二)人力制动机

在每节车辆的一端,都装有一套人力制动机,可以用人力来使单节车辆或车组减速或停车。我国铁路货车上多用链式人力制动机(又叫链子闸),它结构简单、操纵灵活、制动力强。

当进行人力制动时,可将制动手轮按顺时针方向转动,使制动链绕在轴上,拉动制动杠杆,就如同空气制动机中制动缸活塞杆向外推动一样,使闸瓦紧压车轮而产生制动作用,如图 3-42 所示。

图 3-42 人力制动机

(三)基础制动装置

基础制动装置设在转向架上,是利用杠杆原理,将空气制动机或人力制动机产生的力量扩大适当倍数,再均衡地向各个闸瓦传力的装置。

基础制动装置的形式按设置在每个车轮上的闸瓦块数及其作用方式,可分为单闸瓦式、双闸瓦式、多闸瓦式和盘形制动基础制动装置。客车多为双瓦式,货车多为单瓦式。多闸瓦式运用较少。

1. 单闸瓦式

单闸瓦式基础制动装置简称单闸瓦式,也称单侧制动,即在车轮一侧设有闸瓦的制动方式。我国目前绝大多数货车都采用这种形式。闸瓦会因制动时与车辆踏面摩擦而变薄,致使制动力减弱而降低制动效率,为此必须经常调整制动缸活塞的行程。目前,在新造车上安装了闸瓦间隙自动调整器,使车辆在运行过程中可以自动调整制动缸活塞行程的大小,进而保证应有的制动力。

2. 双闸瓦式

双闸瓦式基础制动装置简称双闸瓦式,也称双侧制动,即在车轮两侧均装有闸瓦的制动方式。

3. 盘形制动

盘形制动是指制动时用闸片压紧制动盘而产生制动作用的制动方式。盘形制动的基础制动有两种类型:制动盘安装在车轴上的称为轴盘式,制动盘安装在车轮辐板上的称为轮盘式。

盘形制动基础制动装置的结构比较简单,可以缩小副风缸和制动缸的容积,节省压缩空气;各种拉杆和杠杆可以小型化,直接安装在转向架上,能减轻车辆自重;不用闸瓦直接磨耗车轮踏面,可延长车轮使用寿命;制动性能比较稳定,可减少车辆纵向冲动;同时制动缸安装在转向架上,制动时动作迅速,可提高制动效率;采用高摩擦系数的合成闸片,可增制动力,缩短制动距离。但由于不用闸瓦直接摩擦车轮踏面,踏面上的油污不能及时清扫,可能降低轮轨间的黏着系数;同时,当车轮踏面有轻微擦伤时,不能像闸瓦式制动装置利用闸瓦的摩擦来消除擦伤。为克服这些缺点,可增设踏面清扫装置。

任务实施

步　骤	内　　　容	备　注
课前准备	课前预习铁路车辆基本构造的相关知识	
现场参观	听现场人员讲解相关知识	
课堂讨论	根据参观内容,课堂上进行讨论、交流	
教师总结	教师对课程内容进行总结	

 任务测评

教师依据同学们的回答情况,进行分组点评,并给出测评成绩。

序　号	评价内容	完成情况	存在问题	改进措施
1	课前知识查阅情况			
2	铁路车辆基本构造掌握情况			
3	教师评价			

课后小结

根据老师的评价,各小组进行总结。

姓名		组号		教师	
自我小结:					

任务3　车辆的运用管理与检修

学习目标

1. 掌握铁路车辆运用管理制度。
2. 掌握铁路车辆检修制度。
3. 会识别铁路车辆运用配属。
4. 养成安全第一的工作意识。

问题与思考

我们在坐火车时,总能看到机车上涂着"京局京段"字样,你知道这是什么含义吗?

 工作任务

教师组织学生到车辆段参观,听工作人员介绍铁路车辆运用与检修情况。学生根据课程要求,课前做好准备。参观时,针对现场工作提问,回到课堂进行总结交流。

预备知识

一、车辆的运用管理

(一)车辆的运用管理系统

铁路车辆的运用管理包括:掌握车辆的购置与配属、制订车辆检修制度、编制与执行车辆检修计划、设置车辆运用管理机构,以及负责进行除厂修外的全部车辆定期检修及列车检修、入库检修、乘检和临修等工作。我国铁路车辆的运用管理机构包括铁路总公司装备部、铁路局车辆处、车辆段等。其中,车辆段是车辆运用管理的基层单位,一般设在编组站、国境站、枢纽站、货车大量集散的地点和始发、终到客车较多的地点,按专业分工分为客车车辆段、货车车辆段、客货车混合车辆段和机械保温车辆段。车辆段设有相应的检修车间和工段,它的基本任务是承担车辆的段修和较大修程车辆的临修以及部分日常维修保养工作,编制客货车检修技术作业过程和有关制度,保证质量良好均衡地完成车辆检修工作;另外,还领导管界内客车技术整备所、列车检修所、站修所等进行客货车检修工作。

1. 客车技术整备所

客车技术整备所简称客车整备所,又称库列检,是客车日常维修保养的基地,通常设在旅客列车的始发和终到站。客车整备所利用库停技检时间对进库客车通风、供水、供电等设备进行检查、试验和修理,消除在运行途中不易处理的故障,并进行属于本段的客车的辅修、库存客车的日常维修以及摘车临修等工作,以保证客车在运行中有良好的技术状态。配属客车较少的车辆段则仅设客车整备线。

2. 列车检修所

列车检修所是对通过列车进行技术检查和维修的单位,分为旅客列车检修所(简称客列检)和货物列车检修所(简称列检所)。客列检设在旅客列车经过的各主要停车站;列检所设在编组站、区段站、路矿(厂)交接站、国境站以及运输上有特殊需要的地点。列检所又可分为主要列检所、区段列检所和一般列检所。主要列检所设在作业量大的编组站或大量装卸货物的车站,对车辆进行比较全面的检查,并排除危及行车安全的故障。区段列检所设在编组作业量少而中转别列车较多的车站,对车站编组始发的列车和加挂的车辆进行比较全面的检查,对中转列车进行重点检查。一般列检所设在铁路支线、厂矿专用线或为保证行车安全需要设置的车站,对车辆进行重点检查和修理。

3. 站修所

站修所设在有列检所的编组站、较大区段站和装卸量大的厂矿交接站,对货车进行辅修、轴检和摘车临修。

(二) 车辆运用管理的主要指标

1. 反映拥有车辆数量的指标

标志拥有车辆数量的主要指标有运用车数和非运用车数等。运用车是指使用中的客货车辆,包括编组在列车中的车辆以及在装卸站和编组站进行作业的车辆。非运用车是指修理中和待修的车辆以及铁路自身业务使用和作其他用途的非营业车辆。

2. 反映车辆使用强度的指标

标志车辆使用强度的主要指标有周转时间、日车公里、空车率、静载重和动载重等。

(1) 周转时间:货车在两次装车之间的平均时间,以日数(24h)表示。

(2) 日车公里:货车平均每日运行的公里数,即单位周转时间内的走行里程,以 km/d 表示。

(3) 空车率:货车空车的走行里程与货车重车的走行里程之比,空车率越小,反映车辆利用效率越高。

(4) 平均静载重:平均每辆货车的装载质量(净重),以 t 为单位。

(5) 平均动载重:平均每辆货车走行 1km 所完成的净重吨公里货物周转量。

二、车辆的检修

车辆检修是保障铁路车辆技术状态良好,确保安全、高速、平稳地运送旅客和货物,并延长车辆使用寿命的必要条件。应优化铁路车辆的修程修制,在保证车辆安全的前提下,提高车辆检修效率。

(一) 检修制度

国际上通行两种检修制度:一种是计划预防修;另一种是状态修。

1. 计划预防修

首先摸清车辆主要零部件的损伤规律,然后确定其使用期限,再在此基础上确定合理的检修周期,使车辆零部件在运用中产生的损伤尚未达到极限时,就能得以修复。

2. 状态修

指按车辆技术状态修理的制度,即在设备工作寿命期内,对运行设备按照规定的状态值来监察其运行参数,只要设备运行参数在规定的状态限界值以内,就一律不检修。当运行参数超出规定的状态限界值时,就按照规定工艺进行检修,使其恢复到规定的状态值后继续使用。设备达到有效使用寿命期,则予以更新。这种修理制度是在保证设备安全前提下,充分实施的检修制度。

为发挥运输设备的内在潜力,力图将检修工作量减小到最低限度,进一步提高修理质量与效率,吸取国外经验,我国机车车辆进行修制改革的目标是:在计划预防修的前提下,逐步实行状态修、换件修和主要零部件的集中修,改革配件的生产和供应体制,建立运用和维修现代化管理体制。目前,我国铁路车辆的计划预防分为定期检修和日常维修两大类。

(二)定期检修

车辆定期检修就是按照规定的期限,对整个车辆或某些部件进行全部或部分的检修。每一辆车不论技术状态如何,经过一定时间的运用后都要进行定期检修。

1. 客车的定期检修

为了提高车辆安全性和使用效率,近年来,在借鉴国外高速客车先进的维修理论和经验的基础上,我国铁路客车建立了以走行公里为主、时间周期为辅的计划预防维修制度,从而实现了"大幅度提高客车检修质量,大幅度提高客车安全系数,大幅度压缩维修时间,提高客车使用效率"的目的。目前,客车的修程分为 A1、A2、A3、A4 四级,其中 A4 级检修在车辆工厂完成,而其他修程则在车辆段进行。

2. 货车的定期检修

货车定期检修的修程分为厂修、段修、辅修和轴检四种。其中,厂修由车辆工厂负责,检修周期根据不同种类的车辆分 4~10 年不等,经过厂修后,车辆的技术标准应基本达到或接近新车生产出厂规定标准。段修由车辆段承担,是在两次厂修之间对车辆的全面检查和维修,检修周期一般在 1~3 年。辅修主要是对制动装置和轴箱油润部分进行检修,对其他部分做辅助性修理,每半年进行一次。轴检是对车辆的轴箱油润部分进行检修,根据轴承的形式不同,检修周期分为 3 个月或 6 个月。现在我国已有大量货车取消了轴检修程,以提高车辆的运用效率。

3. 定期修理标记

定期修理标记是便于车辆计划修理制度执行与管理的标记。检修标记有如下两种。

(1)厂修、段修标记:分段修、厂修两栏。

如:　　　　2004.3　2002.9　兰西
　　　　　　2010.3　2001.3　四方

上列标记中,第一栏为段修标记,第二栏为厂修标记;左侧为下次检修年月,右侧为本次检修年月及检修单位简称。

(2)辅修及轴检标记:货车由于无配属段,故必须涂打标记以备查考;客车由于有配属段,故不必涂打辅修标记。这两种修程标记的形式如下:

3-15	9-15 丰

12-15	9-15 丰

上列标记中,辅修标记表示这辆车在 9 月 15 日由丰台车辆段施行辅修,下次辅修到期是次年的 3 月 15 日。轴检时间为本年度 12 月 15 日。

(三)日常维修

在货车定期检修或客车各级修程之间的运用期内,还必须对车辆进行日常检查和维修保养工作,从而使车辆经常保持良好的技术状态。只有把日常维修和定期检修配合起来,才能保证车辆的完好和正常运用。

1. 客车的日常维修

客车有固定的配属段,而且是按照指定线路运行的,因此客车的日常维修工作集中在旅客列车编成站、更换机车的客运站上进行。旅客列车的车底在到达终点站后或在始发站出发以前,应在整备库内进行技术检查和修理,并进行清扫、消毒、整备工作。在沿途还要由旅客列检所负责进行技术检查和不摘车修理。此外,旅客列车一般实行包乘包修负责制,每次列车均由配属车辆段派出检车乘务员和车电乘务员随车值乘进行乘检,即对运行中的客车施行技术检查和日常保养,排除一般故障,并预报因车辆技术状态不良而发生摘车、晚点或不安全因素,以确保列车运行安全和车内设备状态良好。

2. 货车的日常维修

货车的日常维修工作由列检所和站修所等单位承担,主要内容包括技术检查和故障修理两个方面。技术检查是对货车的技术状态进行检查,以发现故障。对所发现的故障,应及时进行摘车修理或不摘车修理。不摘车修理是利用车辆停站时间,在不影响解体作业或正点发车的情况下,在列车到发线、调车线或货物线上对货车的部分故障进行修复作业。但当遇到一些较大的故障或需要一些大型或专用的修理工具时,必须把故障车辆送到专用临修线或站修所进行修理,这种情况叫作摘车修理。为了加速车辆周转,车辆部门应当努力扩大不摘车修理范围,以便减少车辆的停修时间,提高车辆的运用效率。

对于机械冷藏车组和有固定地点循环使用的货物列车,与旅客列车类似,也配备检车乘务员。这种货物列车除沿途列车检修所按规定进行检修外,行车调度员还应根据列车运行情况和检车乘务员的要求安排途中检修。另外,在石油加工企业、油类产品大量罐装与换装地点设洗罐所,承担罐车的洗刷工作。

(四)我国货车检修体制改革

近年来,为全面适应运输组织变化的需要,我国铁路部门按照统一规划、分步实施的要求,坚持区域整合,科学合理确定检修基地,充分利用既有资源,提高利用率,实现货车检修"专业化、集约化"。货车车辆段生产力布局调整和资源整备进一步深化,同时,结合铁路货车新技术的日益广泛应用和货车安全可靠性不断提高的实际,积极实施货车检修制度改革。

(1)延长检修周期。厂、段修周期普遍延长,主要通用货车厂修周期由5年延长至9年,段修由1年延长至1.5年,新型货车段修延长至2年。

(2)取消部分货车的低级修程。对2/3以上的货车取消半年一次的辅修修程,逐步向状态修过渡。

(3)对大秦线运煤专用车等专用货车和行包快运棚车等固定配属的货车,采取了按走行里程检修为主、定期检修为辅的检修制度,并逐步全路实施。在检修方式上逐步实现"检、修分离,异地检测,集中加修、换件修",大大提高了货车使用效率。

三、货车管理信息化和安全防范

我国铁路部门积极推进货车信息化建设,开发运用货车技术管理信息系统(HMIS)。从货车制造源头开始,到检修、运用的全过程,全面纳入信息化管理,并通过货车车号自动识别系统(AEI),实现全程实时追踪,形成货车技术信息"网络传输、全面覆盖、信息共享、全程跟踪"的现代化管理体系,为货车管理现代化搭建了新的技术平台,同时为运输指挥现代化提供了技术支持,使我国成为世界上少数几个能够利用信息技术组织运输和货车管理的国家。

在铁路货车安全防范手段创新方面,我国自主研发了货车"5T"安全防范系统,即红外线轴温探测系统(THDS)、货车运行状态地面安全监测系统(TPDS)、货车运行故障动态图像检测系统(TFDS)、货车滚动轴承早期故障轨边声学诊断系统(TADS)和客车运行安全监控系统(TCDS),2005年已在主要干线建成并投入使用。近年来,按照"分散检测、集中报警、网络监控、信息共享"的基本要求,整合"5T"系统监测信息,依靠红外线、声呐、摄像、传感等先进技术,对货车进行全天候不停车检查,实现了运行货车技术状态动态监测,全面提高了铁路运输安全保障的能力,使我国铁路货车技术检查手段实现了历史性的变革,我国成为世界上唯一能够利用网络技术对货车技术状态进行动态检查的国家。

 任务实施

步　骤	内　　容	备　注
课前准备	课前预习铁路车辆运用与检修的相关知识	
现场参观	听现场人员讲解相关知识	
课堂讨论	根据参观内容,课堂上进行讨论、交流	
教师总结	教师对课程内容进行总结	

 任务测评

教师依据同学们的回答情况,进行分组点评,并给出测评成绩。

序　号	评价内容	完成情况	存在问题	改进措施
1	课前知识查阅情况			
2	车辆运用与检修掌握情况			
3	教师评价			

 课后小结

根据老师的评价,各小组进行总结。

姓名		组号		教师	
自我小结:					

任务4 动车组常识

学习目标

1. 掌握动车组主要标记的含义。
2. 掌握动车组的主要类型及其优、缺点。
3. 了解动车组的主要结构。
4. 养成虚心向现场师傅学习的工作作风。

问题与思考

中国高铁已经成为一张见证时代发展的名片,那么,你知道我们平时坐动车看到的那些标记的含义吗？比如"CRH"代表什么？

工作任务

教师组织学生到动车段参观,听工作人员介绍动车组基本知识。学生根据课程要求,课前做好准备。参观时,针对现场工作提问,回到课堂进行总结交流。

预备知识

一、定义

"铁路高速动车组"是运营时速在200km及以上、动力分散型的电动车组,是铁路客车装备的重要组成部分,如图3-43所示。

动车组列车与普速列车相比,具有安全、高速、高效、便捷、环保等特点。

图3-43 动车组列车

二、主要标记

1. 动车组的简称

中国高速铁路动车组简称"中国铁路高速",CRH(China Railway High-speed)是其英文缩写。

2. 动车组的型号和编号构成

如图3-44所示。

例如,CRH2010A的含义：

CRH——中国高速铁路动车组；

2——四方股份动车组；

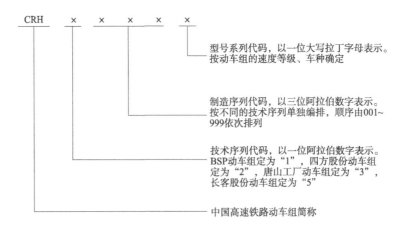

图 3-44　动车组的型号和编号构成

图 3-45　动车组车型车号

022——制造顺序第 22 列；

A——运行时速 200km、8 辆编组、座车。

动车组车型车号涂打在动车组首、尾车驾驶室外两侧侧墙上，每车两处，如图 3-45 所示。

3. 动车组中车辆的车种和编号构成

如图 3-46 所示。

例如，ZY201107 的含义：

ZY——一等座车；

2——四方股份动车组；

011——制造顺序第 11 列；

07——7 车。

车辆车种车型车号涂打于每辆车的两侧，每车 4 处，如图 3-47 所示。

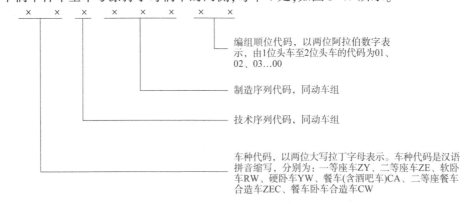

图 3-46　动车组中车辆的车种和编号构成

三、动车组主要类型

按照动车组的传动类型，可将动车组分为电力动车组和内燃动车组。其中，内燃动车组按照传动方式可分为电传动型动车组和液力传动型动车组；按照动力配置可分为动力集中型和动力分散型两种类型。德国和法国早期动车组都采用动力集中型,后来采用动力分散型;日本从一开始就采用动力分散型动车组;我国早期也研制过国产动力集中型动车组,而后 CRH 系列动车组均采用动力分散型动车组。动力集中型和动力分散型各有优、缺点。但随着速度的提高,各国高速动车组基本都采用动力分散型。我国目前使用的所有高速动车组都是动力分散型。对于此类动车组,用"M"表示带动力的车厢,用"T"表示不带动力的车厢。例如 CRH380B

图 3-47　动车组车辆车种车型车号

采用"四动四拖"的动力配置模式,可以表示为"4M4T",也可以表示为"M + T + M + T + T + M + T + M"。

(一)动力分散型动车组

动力分散型动车组配置:动车组编组中动车至少多于 2 辆,通常采用大部分为动车、小部分为拖车的编组方式,如图 3-48 所示。动力分散动车组是当今世界高速动车组技术发展的方向。

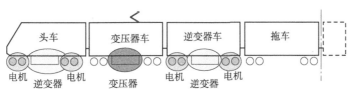

图 3-48　动力分散型动车组

(二)动力集中型动车组

动力集中型动车组配置:动车组编组中两端为动力车(或一端为动力车,另一端为控制车),中间为拖车,如图 3-49 所示。

图 3-49　动力集中型动车组

动力分散型动车组优点:

(1)动力车同时可以载客,增加了动车组的载客量;

(2)将牵引动力设备和牵引电机的功率和重力分散到各个车辆,易于实现减轻列车轴重的目的;

(3)牵引力分散在各个动力轮上,可解决高速列车大牵引力与轴重限制之间的矛盾;

(4)可以充分利用电制动,使列车具有较好的制动性能。

动力分散型动车组缺点:

(1)车辆下部吊装动力设备,使车体的振动和噪声加大,影响了乘客的乘坐舒适度,增加了隔振降噪的技术难度;

(2)动力设备分散安装在车下,使其故障率相对较高,检修不太方便;

(3)列车只能分单元编组,不能随客流进行进一步的编组调整;

(4)与传统运营、维修管理体制和习惯不一样,必须建立一套新的维修体系。

四、动车组主要结构(以和谐号 CRH1 型动车组为例)

(一) CRH1 型主要参数及基本结构

动车组由 8 辆车组成,其中 5 辆动车(01 车、03 车、04 车、06 车、00 车),3 辆拖车(02 车、05 车、07 车),首尾车辆设有司机室,可双向驾驶,轴重不大于 16t,牵引总功率 5300kW,车体为不锈钢焊接结构。

1. 主要参数

总长为 213.5m,头车长度为 26.95m,中间车长度为 26.6m,车体宽度为 3.331m,车体高度为 4.04m,适应站台高度为 0.8~1.25m,总质量为 420.4t,如图 3-50 所示。

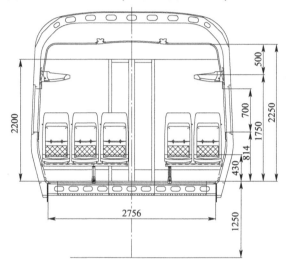

图 3-50 CRH1 型主要参数及基本结构(尺寸单位:mm)

2. 编组结构

编组结构如图 3-51 所示。

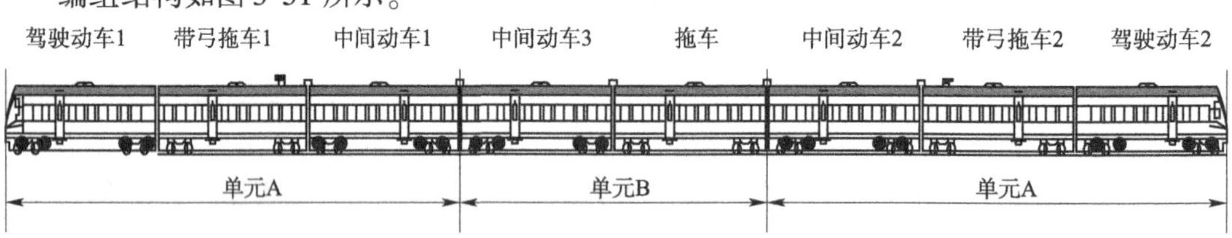

图 3-51 编组结构

3. 车内平面布置

2 辆一等车和 6 辆二等车(含 1 辆酒吧二等座合造车)。全列车定员 668 人,定员布置见表 3-4。

定员布置   表 3-4

序号	01	02	03	04	05	06	07	08
定员(人)	72	101	101	101	19	101	101	72

(二)主要系统部件

1. 转向架

动车组每节车厢下有两个转向架,动车下是动力转向架,拖车下是拖车转向架。轴距为 2700mm,轮对直径 835～915mm,采用 LMA 型轮对踏面。

(1)动力转向架由构架、轮对轴箱、牵引装置、基础制动装置、二系悬挂装置、牵引电机、驱动装置组成。单台质量 8.2t。每台动力转向架有两根动力轴,电机采用架悬方式。每轴有两个轮对制动盘,如图 3-52 所示。

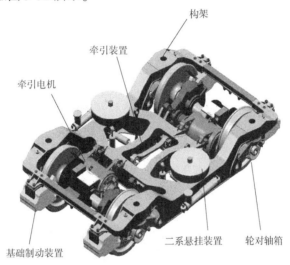

图 3-52　动力转向架

(2)拖车转向架组成与动车转向架结构基本一致,但没有牵引电机和驱动装置。单台质量 6.3t,每轴有三个轴制动盘。

2. 牵引系统

牵引系统主要由受电弓、牵引变压器、牵引变流器及牵引电机组成。受电弓通过电网接入 25kV 的高压交流电,输送给牵引变压器,降压成 902V 的交流电。降压后的交流电再输入牵引变流器,通过一系列的处理,变成电压和频率均可控制的三相交流电,输送给牵引电机牵引整个列车,如图 3-53 所示。

3. 辅助供电系统

AC25kV 的高压电输入牵引变压器,再经过在动车下设置的辅助电源装置输出三相 AC380V 和 DC110V 两路电源,为列车空气压缩机、照明、控制、广播、列车无线各设备供电,如图 3-54 所示。

4. 制动系统

动车组制动系统有两套:一套是电制动,将牵引电机转换成发电机形式工作,即再生制动;另一套是空气制动,将电指令转换成空气指令送入制动缸,起制动作用。

制动优先采用再生制动方式,电制动丧失对行车不会产生影响,空气制动可完全满足车辆行车的制动需求。

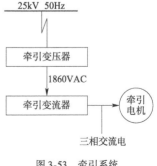

图 3-53　牵引系统

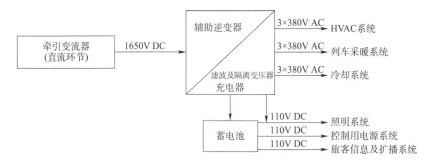

图 3-54 辅助供电系统

任务实施

步　骤	内　　容	备　注
课前准备	课前预习动车组定义、类型的相关知识	
现场参观	听现场人员讲解相关知识	
课堂讨论	根据参观内容,课堂上进行讨论、交流	
教师总结	教师对课程内容进行总结	

任务测评

教师依据同学们的回答情况,进行分组点评,并给出测评成绩。

序　号	评价内容	完成情况	存在问题	改进措施
1	课前知识查阅情况			
2	动车组定义、类型、结构掌握情况			
3	教师评价			

课后小结

根据老师的评价,各小组进行总结。

姓名		组号		教师	
自我小结:					

项目 4　铁 路 机 车

任务 1　内燃机车认知

学习目标

1. 了解铁路机车的种类。
2. 了解内燃机车的发展历程及基本构造。
3. 了解内燃机车主要部件的功能。
4. 养成虚心向现场师傅学习的工作作风。

问题与思考

俗话说:"火车跑得快,全靠车头带"。车头,也就是机车。机车能够带动一列车,那么机车是如何产生这么大的动力的呢?

工作任务

教师组织学生到机务段参观,听工作人员介绍内燃机车基本构造。学生根据课程要求课前做好准备。参观时,针对现场工作提问,回到课堂进行总结交流。

预备知识

机车为铁路运输提供牵引动力。由于铁路车辆不具备动力装置,需要把客车或货车连挂成车列,由机车牵引沿着钢轨运行。在车站上,车辆的转线以及货场取送车辆等各项调车作业,也都要由机车完成。因此,为了完成客、货列车的牵引和车站的调车工作,铁路必须保证提供足够数量、牵引性能良好的机车;同时,还必须加强对机车的保养与检修工作,正确组织机车的合理运用等。

机车按动力来源可分为蒸汽机车、内燃机车和电力机车。蒸汽机车已经淘汰,内燃机车作为过渡和补充,电力机车是未来的主要发展方向。

一、内燃机车的发展历程

内燃机车是以内燃机为原动力的一种机车。按其使用的内燃机种类可分为柴油机车和燃气轮机车,以柴油机车的使用最为广泛。我国铁路上采用的内燃机车绝大多数是柴油机车。

我国于1958年在大连机车工厂仿照苏联T33型内燃机车试制了巨龙型内燃机车,后改进设计,定型为东风型内燃机车。在20世纪60年代初,便自行设计制造了以东风型为代表的功率仅为1342kW第一代内燃机车。从1969年起开始生产以东风4型、北京型为代表的第二代内燃机车。第二代内燃机车功率比第一代机车功率大,且可靠性、耐久性等综合性能也有了明显的提高,并形成了适应各种不同用途的种类及型号。从20世纪80年代起,为了适应铁路运输发展,通过学习国外先进技术,引进消化和与国外合作,我国1989年起先后成功开发多种水平更高的以东风8B、东风1型为代表的国产第三代内燃机车。第三代内燃机车的技术经济水平已接近或达到了国际先进水平。第三代内燃机车除了采用较多的先进新技术以外,功率更大,速度也更快,基本满足了干线货运列车的重载牵引及旅客列车的快速牵引要求。目前,我国第四代内燃机车已步入研制开发阶段,其中包括提高计算机控制系统的水平,有计划、有步骤地开展液化天然气内燃机车的研究试制。第四代内燃机车的技术将处于世界先进的水平。

二、内燃机车的种类

内燃机车按用途可分为干线内燃机车、调车内燃机车和内燃动车组;按传动方式可分为电力传动、液力传动两种类型的内燃机车。电力传动内燃机车如果采用直流发电机和直流牵引电动机,就称为直直流电传动内燃机车;如果采用交流发电机和直流牵引电动机,则称为交直流电传动内燃机车,后者在技术、经济指标上要比前者先进一些。此外,还有一种更为先进的电传动方式,即采用交流发电机和交流牵引电动机的交流电力传动,按可控硅变频方式,可分为交直交和交交两种形式。该种传动方式可以提高单节机车的功率,防止机车动轮打滑,是内燃机车发展的方向。

我国内燃机车主要包括"东风"系列(图4-1)、"东方红"系列、"北京"型液力传动机车、"ND"和"NY"系列以及新型的"和谐"系列等类型。我国各型内燃机车的生产和开发,本着提供高质量的适用机车的前提,同时满足铁路运输"重载、高速"的要求。

三、内燃机车的结构

图4-1 东风4b型内燃机车

目前,我国使用的内燃机车均使用柴油机作为原动力。柴油机是内燃机的一种,使用柴油高压下自行燃烧膨胀产生动力。目前几乎所有的内燃机车使用四冲程柴油机,包括进气、压缩、燃烧膨胀和排气四个过程。

第一冲程——进气。使气缸内充满新鲜空气。当进气冲程开始时,活塞位于上止点,缸内的燃烧室中还留有上次燃烧的废气。当曲轴旋转时,连杆使活塞由上止点向下止点运动,同时,利用与曲轴相连的传动机构使进气阀打开而排气阀关闭。随着活塞的向下运动,气缸内活塞上面的容积逐渐增大,造成气缸内的空气压力低于进气管内的压力,因此外面空气就不断地充入气缸。

第二冲程——压缩。压缩时活塞从下止点向上止点运动,这个冲程的功用有二:一是提高空气的温度,为燃料自行发火做准备;二是为气体膨胀做功创造条件。当活塞上行,进气阀关闭以后,气缸内的空气受到压缩,随着容积的不断缩小,空气的压力和温度也就不断升高。在曲柄转至上止点前 10°~35°曲柄转角时,开始将雾化的燃料喷入气缸。随后,气内柴油在高温高压下燃烧并膨胀,进入第三冲程。

第三冲程——燃烧膨胀。柴油燃烧时放出大量的热量,因此气体的压力和温度便急剧高,活塞在高温高压气体作用下向下运动,并通过连杆使曲轴转动,对外做功。所以,这一冲程又叫做功或工作冲程。该冲程在活塞行至下止点,排气阀打开时结束。

第四冲程——排气。排气是把膨胀后的废气排出去,以便充填新鲜空气,为下一个循环的进气而准备。

四、内燃机车传动

机车在运行时,要在各种运行阻力下,具有恒定功率输出,使牵引力(F)和运行速度(v)为常数,故牵引力与速度之间成反比关系。速度小,牵引力大;速度大,牵引力小。对于车轮,则是转速低,牵引力大;转速高,牵引力小。而柴油机的牵引力却与速度成比,也就是转速高,牵引力大;转速低,牵引力小。这是无法满足机车牵引条件的,必须要在柴油机和车轴之间安装传动装置。

1. 电传动

电传动就是将柴油机的输出轴接至发电机,产生电能,将电能输出至安装在车轴上的牵引电机。发电机产生的是三相交流电,通过整流装置转换为直流电,供直流牵引电机使用(图 4-2)。如果是交流牵引电机,还需安装逆变设备。

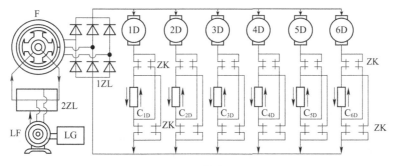

图 4-2 电传动原理

2. 液力传动

在液力传动内燃机车上,原动力仍是柴油机,在柴油机和机车动轮之间,装有一套液力传动装置,利用工作油改变柴油机的外部特性,以满足列车运行的要求。液力传动效率低、功率小、速度慢,已经不适应新形势铁路运输的要求,因此液力传动内燃机车目前只有部分限速较低的铁路以及厂矿铁路在使用。

📚 任务实施

步　骤	内　　容	备　注
课前准备	课前预习内燃机车基本构造的相关知识	
现场参观	听现场人员讲解相关知识	
课堂讨论	根据参观内容,课堂上进行讨论、交流	
教师总结	教师对课程内容进行总结	

📚 任务测评

教师依据同学们的回答情况,进行分组点评,并给出测评成绩。

序　号	评价内容	完成情况	存在问题	改进措施
1	课前知识查阅情况			
2	内燃机车基本构造掌握情况			
3	教师评价			

📚 课后小结

根据老师的评价,各小组进行总结。

姓名		组号		教师	
自我小结:					

任务2　电气化铁道供电系统和电力机车认知

📖 学习目标

1. 掌握电气化铁道供电系统的组成。
2. 了解电力机车的发展历程及基本构造。
3. 了解电力机车的工作原理和组成。
4. 养成虚心向现场师傅学习的工作作风。

问题与思考

前面我们已经学过,铁路机车分为蒸汽机车、内燃机车和电力机车。那么,电力机车是如何获取电能的?它的工作原理是什么?

工作任务

教师组织学生到机务段参观,听工作人员介绍电力机车基本构造。学生根据课程要求课前做好准备。参观时,针对现场工作提问,回到课堂进行总结交流。

预备知识

电力机车的牵引动力是电能,但机车本身没有原动力,而是依靠外部供电系统供应电力,并通过机车顶部升起的受电弓从接触网上获取电能并转换成机械能牵引列车运行的。

电力机车的优点是平均热效率比内燃机车高,牵引力大,速度快,爬坡能力强,无煤烟、废气,环境污染少,因此,它在提高铁路运输能力、合理利用资源、保护生态环境方面具有优势,是铁路最理想的牵引动力。

采用电力牵引的铁路称为电气化铁道。电气化铁道由牵引供电系统和电力机车两部分组成。

一、牵引供电系统

将电能从电力系统传送到电力机车的电力设备叫作牵引供电系统。牵引供电系统主要包括发电厂、牵引变电所和接触网等。发电厂发出的电流经升压变压器提高电压后,由高压输电线送到铁路沿线的牵引变电所。在牵引变电所里把高压的三相交流电变换成所要求的电流、电压后,再转送到邻近区间和站场线路的接触网上供电力机车使用,如图4-3所示。

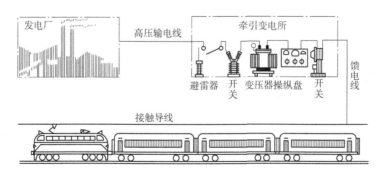

图4-3 牵引供电系统示意图

1. 牵引变电所的作用

牵引变电所将电力系统输电线路电压从215kV(或200)降到110kV,经馈电线将电能送至接触网;接触网沿铁路上空架设,电力机车升弓后便可从其取得电能,用以牵引列车。

2. 牵引变电所的主要设备

牵引变电所内的主要设备有主变压器、电压互感器、电流互感器、高压断路器、各种高压隔离开关、避雷器以及信号显示等设备。为使牵引变电所内各种电气设备正常运行,确保安全可靠供电,牵引变电所内还装有各种控制、测量、监视仪表和继电保护装置等。

3. 牵引变电所向接触网的供电方式

牵引变电所是沿着电气化铁道区段分布的,每一个牵引变电所有一定的供电范围。而牵引变电所向接触网的供电方式主要有单边供电、上下行并联供电两种方式。

(1) 单边供电。

接触网在相邻两个牵引变电所的中间断开,中间设有分区亭,将两个牵引变电所之间的接触网分成两个供电分区,每一个供电分区只能从一端的牵引变电所获得电能的方式,称之为单边供电。单边供电时,当某一供电分区接触网发生故障时,只影响本供电分区,不影响其他供电分区的正常供电,从而缩小故障范围,而且,单边供电方式的牵引变电所馈电线保护装置也较简单。目前各国采用较多,我国单线电气化铁路采用单边供电。

(2) 上下行并联供电。

在双线电气化区段的供电臂末端设有分区所,将上下行接触网通过断路器实行并联供电。这种供电方式的优点是能均衡上下行供电臂的电流,降低接触网损耗,提高电压水平。我国双线电气化铁路大多采用这种供电方式。

二、电力机车

(一) 电力机车的发展历程

我国电力机车的研究始于1958年,和电气化铁路的建设同步,经过50多年的不懈努力,已形成了4轴、6轴、8轴的韶山型系列电力机车型谱,已有 SS_5、SS_3、SS_4、SS_6、SS_7、SS_8 等交直传动系列干线客货运电力机车投入运营。交流传动电力机车的研制和生产也取得了重大进展。到2005年,已经有我国自主研发生产的九方、澳星、天梭号、SSJ3 等交流传动电力机车问世并运行。同时,成功引进先进的动车组技术,并转入国产化设计和生产,对我国铁路重载、高速运输的发展起到了积极的推动作用。

我国电力机车的发展大体经历了三个阶段:

(1) 起步阶段(1958年至20世纪70年代末)。在仿制国外机车的基础上,生产出韶山型客货两用交—直电力机车。

(2) 发展阶段(20世纪70年代末至80年代末)。我国成功研制了相控电力机车,机车功率进一步提高,代表车型是 SS_3 型、SS_4 型。其中,SS_3 型电力机车采用级间调压方式,SS_5 型电力机车则是我国自行研制的第一代全相控大功率电力机车,如图4-4所示。

(3) 提高阶段(自20世纪80年代末至今)。在引进、消化吸收世界先进机车技术的基础上,对已开发的机车进行了技术改造,并结合我国传统的牵引电机并联的主电路形式相继开发了 SS_5 型、SS_{8B} 型、SS_8 型等型号的电力机车,如图4-5所示。

图 4-4 SS$_3$ 型电力机车　　　　　　图 4-5 SS$_8$ 型电力机车

(二)电力机车的分类

电力机车一般是按照电力机车的供电电流制及所采用的牵引电动机型式来分类。直流交流制供电的电气化铁道上使用的电力机车分别为直流电力机车和交流电力机车。

1. 直流电力机车

直流电力机车的特点是:牵引运行时,由电网获得直流电,使直流牵引电动机工作,动机车运行。该机车结构简单,控制方便,易于维修,运用也比较可靠,而且容易实生制动。其缺点是接触网电压不高(一般为 1500～3000V),送电距离受到限制,变电所数目多,接触网结构复杂、笨重。

2. 交流电力机车

交流电力机车按接触网的供电频率不同分为单相低频制和单相工频制两种。单相低频电力机车的牵引电动机是单相整流子电机,机车直接从接触网获取单相低(25Hz)交流电使牵引电动机运转、机车牵引运行。这种供电系统的电压一般为 11～15kV,有效地克服了直流制电力牵引的不足,而且单相整流子牵引电动机性能也适合铁路运输的要求。其缺点是:供电频率与工业用电不同,因而需要建造专用的发电厂,或在工业电力系统与铁道供电系统之间设置复杂的变频设备。

单相工频交流制自 20 世纪 50 年代以来发展很快。最初的单相工频交流制使用的是整流器式电力机车,它由接触网受入单相交流电,经机车内的整流器整流后,供给直流(脉流)牵引电动机进行工作,接触网供电电压一般为 20～25kV。这种机车既采用了高压交流供电,又采用了性能良好的直流牵引电机,且供电系统与工业系统频率相同,故具有更大的优越性。

(三)电力机车的工作原理

电能转变为牵引列车的机械能。辅助电路系统为主电路电气设备服务,包括冷却、提供压缩空气等。电力机车在运行过程中,经受电弓将接触导线供给的单相工频交流电引入机车内部,经过主断路器再进入主变压器降压,交流电从主变压器的牵引绕组经过整流后转换为直流电,然后向直流(脉流)牵引电动机供应直流电,从而使牵引电动机产生转矩,将电能转变为机械能,经过齿轮的传递,驱动机车动轮转动。

电力机车的速度控制,主要是由司机通过控制牵引电动机转速来实现的。当机车需要制动时,除了使用空气制动装置外,可以辅以电阻制动。如果将电能重新反馈回电网中去加以利用,就称为"再生制动"(或"反馈制动")。从能量利用上看,电阻制动虽然不如再生制动,但电阻制动的主电路工作可靠、稳定,技术比较简单,目前在电力机车上得到广泛使用。

(四)电力机车的组成

从外部看,电力机车的车体是一个厢形的壳体,由上部的车体和下部的走行装置组成。它的大部分机械、电气设备以及电器和电力电子装置都是安装在车体内的。走行部位于车体之下,主要是引导机车沿轨道运行,并把车体的载荷和重量传递给钢轨。也可以说电力机车由机械部分、空气管路部分、电气部分组成。

1. 车体

电力机车的车体通常为长方体,它由底架、侧墙、端墙和车顶组成。车体是通过中支承在转向架上,或者通过牵引杆装置、支承装置与转向架相连,用来传递牵引力或制车体下部装有制动装置,顶部装有受电弓和其他电器。底架位于车体下部,是主要的承架。在底架的两端还分别装有车钩及缓冲装置,用以实现相互连接。司机室一般设在车两端,两端司机室由走廊相连。司机室内安装有控制设备,如司机控制器、制动阀、按关、监测仪器和各种信号指示灯等。

2. 转向架

转向架起支承车体、转向和制动的作用。目前,我国电力机车采用的转向架有两种:一种是二轴转向架,另一种是三轴转向架。每台机车可以有两个转向架,也可以采用三个转向架。

3. 电机部分

牵引电机采用抱轴式半悬挂或空心轴传动全悬挂结构安装在转向架上,当牵引电机受电旋转时,通过电枢轴轴端的小齿轮带动轮轴上的大齿轮使轮轴转动。牵引电机转速不同,机车运行速度就不同;电枢的转向改变,机车运行的方向也改变。

4. 电气部分

电气部分包括硅整流机组、制动电阻、司机控制器、接触器、继电器、转换开关、按钮开关、电空阀等。通过这些电器的开闭和转换,完成机车的起动、调速、反向等转换工作。这些控制电器,均由稳压电源和蓄电池组成的10V直流电源供电,完成电控动作为保护机车的电气设备在使用中免受(或少受)损害,还装有监视各机组工作、显示各电气设备工作状态的保护设备和仪表等。司机可以通过它们的显示,了解机车的工作状态,以便进行正确驾驶。

5. 空气管路系统

空气管路系统直接影响机车的工作可靠性和运行的安全性,是机车的重要系统之一。与其他类型机车相比,电力机车空气管路系统更有其重要性,这是因为电力机车除了起动和制动都离不开空气管路系统外,受电弓的升降、主断路器的分闸和合闸等都要用到压缩空气。

任务实施

步　骤	内　　容	备　注
课前准备	课前预习电气化铁道供电系统和电力机车的相关知识	
现场参观	听现场人员讲解相关知识	
课堂讨论	根据参观内容,课堂上进行讨论、交流	
教师总结	教师对课程内容进行总结	

 任务测评

教师依据同学们的回答情况,进行分组点评,并给出测评成绩。

序　号	评价内容	完成情况	存在问题	改进措施
1	课前知识查阅情况			
2	电气化铁道供电系统和电力机车掌握情况			
3	教师评价			

课后小结

根据老师的评价,各小组进行总结。

姓名		组号		教师	
自我小结:					

任务3　机车的检修和运用

学习目标

1. 掌握铁路机车运用管理制度。
2. 掌握机车的检修制度。
3. 养成安全第一的工作意识。

问题与思考

全国每天有成千上万的列车运行,那么,机车是如何来进行分配的呢?机车一旦出故障了怎么办,采取什么措施来应对机车出现故障的呢?

工作任务

教师组织学生到机务段参观,听工作人员介绍铁路机车运用与检修情况。学生根据课程要求课前做好准备。参观时,针对现场工作提问,回到课堂进行总结交流。

预备知识

机车的检修和运用是铁路运输工作的重要组成部分,也是机务部门的基本任务。保质保量进行机车检修,确保机车的完好状态,经济、合理地运用机车,对完成铁路运输任务具有十分重要意义。

一、机车的检修

机务段是铁路沿线负责机车检修和运用工作的基层生产单位,一般设在编组站或区段站上。此外,为便于机车的整备和乘务员的换乘,在机车交路的折返点,还应设有机务折返段。

所谓机车整备,是指机车在出段牵引列车或担任调车工作以前,需要供应机车必需的物资,并做好各项准备工作。机务段和机务折返段设置的基本原则是满足牵引列车的最大需要,并能充分发挥各项设备的能力和机车运用效率。机务段之间距离的长短,应考虑乘务员的连续工作时间和机车类型,并结合编组站、区段站的位置,尽可能长距离地设置。

1. 机务段的工作和设备

根据各机务段所承担任务的大小,总公司所有机车都分别配属于各个机务段,并由机务段来组织和计划本段所属机车的运用和检修工作,同时机务段也负责组织机车乘务人员的工作。

配属给机务段的机车,一般分配在若干个牵引区段里往返牵引列车或固定在集子电出,担任调车工作。机车类型不同,整备作业的内容也不一样。内燃机车、电力机车的整备作业见表4-1。

内燃机车、电力机车的整备作业 表4-1

需要供应的物资			需要做的准备工作		
项目	内燃机车	电力机车	项目	内燃机车	电力机车
燃料	√	—	机车转向	单向√	—
水	√	—	机车擦拭	√	√
砂	√	√	检查	√	√
润滑油	√	√	给油	√	√
擦拭材料	√	√	机车乘务组交接班	√	√

为了完成以上整备作业,机务段内必须修建相应的整备设备,如机车整备线、加油站、上水管、上砂管以及存储与发放油脂、化验、排水、照明设备等。

整备设备的布置,应保证各项整备作业能平行或流水式地进行,并具备足够的能力,以压缩整备作业时间,提高机车的运用效率。

2. 机车的检修

机车经过一定时期的运用后,各部件都会发生磨耗、变形或损坏。

为了保证机车的正常运行,延长使用期限,除了机车乘务员的日常检查和保养外,还必须进行各种定期检修工作。除大修在机车工厂进行外,其余的机车定期检修一般都在机务段内进行。因此,机务段必须具有机车的整备及检修设备,如各种检修库及辅助车间等。

机车类型不同,它们的检修周期和检修内容也各不一样,内燃,电力机车的检修周期一般根据机车的走行公里数确定,见表4-2。

内燃、电力机车的检修周期表 表4-2

机车		内燃机车 (万 km)	电力机车 (万 km)	调车,小运转机车	
				内燃	电力
修程	大修	80±10	160~200	8~10年	不少于15年
	中修	23~30	40~50	2.5~3年	不少于3年
	小修	4~6	8~10	4~6个月	不少于6个月
	辅修	不少于2	1~3	不少于2个月	不少于2个月

各种修程所包括的内容,在有关的规程中都有具体的规定。大修是机车全面恢复性修理,大修后的机车,基本上须达到新车的水平。中修的主要目的是修理走行部。小修主要是为了对有关设备进行测试和维修等。辅修是属于临时性的维修和养护。

为了进一步提高修理质量与效率,吸取国外经验,积极进行修制改革,目前,我国机车检测同车辆检测一样,也在逐渐推广计划预防修理制度,并且在计划预防修的前提下,逐步实行状态修、换件修和主要零部件的集中修。建立和逐步完善现代化的机车运用和维修制度是我国未来一段时期深化机务改革的重点工作。

二、机车运用

机车运用上的一个特点是:机车只要离开机务段,就要受车站有关人员的调度和指挥。所以机务部门和行车部门关系特别密切,必须协调配合才能安全、优质地完成运输任务。

1. 机车交路

机车交路是机车固定担当运输任务的周转区段,也称机车牵引区段。机车交路按用途不同,分为客运机车交路和货运机车交路;按区段长度不同,分为一般机车交路和长交路;按机车运转制不同,分为循环运转制、半循环运转制、肩回运转制和环形小运转制交路。

2. 机车运转制

机车运转制是指机车在交路上从事列车作业的方式。目前,我国铁路上采用的机车运转制主要有肩回运转制、循环运转制和半循环运转制。

机车牵引列车在一个交路区段内往返一次后即进入本段的运转方式为肩回运转制,在我国铁路区段上,担当牵引任务的机车多采用肩回运转制。肩回运转制又可分为单肩回、双肩回、多肩回等几种,图4-6a)为双肩回运转制示意图。机车的长短交路均可采用这种运方式。

机车牵引列车在相邻两个交路区段内作往返连续运行,直到需要进行中检或定期检修时才进入本段的运转方式为循环运转制。图 4-6b)为循环运转制示意图。

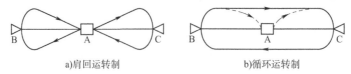

a)肩回运转制　　　　　　b)循环运转制

图 4-6　机车运转制

机车牵引列车在相邻两个交路区段内往返运行一次后即进入本段的运转方式为半循环运转制。

此外,还有一种是环形运转制,是指机车牵引列车在一个交路区段内连续运行几个往返后才入本段进行整备作业。这种运转制适用于小运转列车、市郊列车或运量较大的短交路区段列车等。

任务实施

步　骤	内　　　容	备　注
课前准备	课前预习铁路机车运用与检修的相关知识	
现场参观	听现场人员讲解相关知识	
课堂讨论	根据参观内容,课堂上进行讨论、交流	
教师总结	教师对课程内容进行总结	

任务测评

教师依据同学们的回答情况,进行分组点评,并给出测评成绩。

序　号	评价内容	完成情况	存在问题	改进措施
1	课前知识查阅情况			
2	铁路机车运用与检修掌握情况			
3	教师评价			

课后小结

根据老师的评价,各小组进行总结。

姓名		组号		教师	
自我小结:					

项目5 铁路车站

任务1 中间站认知

学习目标

1. 掌握中间站作业及主要设备。
2. 掌握会让站、越行站作业。
3. 养成虚心向现场师傅学习的工作作风。

问题与思考

我们在坐火车时,每隔一段距离,就会经过一个"小站"。你知道它的作用是什么吗,它有哪些设备和作业?

工作任务

教师组织学生到学校附近中间站参观,听工作人员介绍中间站作业及主要设备。学生根据课程要求课前做好准备。参观时,针对现场工作提问,回到课堂进行总结交流。

预备知识

中间站是为满足沿线城乡人民及工农业生产的需要,提高铁路区段通过能力,保证行车安全而设的车站。它主要办理列车的到发、会让、越行以及客货运业务。

中间站设备规模虽然较小,但是数量很多,它遍布全国铁路沿线中、小城镇和农村。在发展地方工农业生产,沟通城乡物资交流中起着很重要的作用。中间站的设置位置,既要符合线路通过能力的要求,又要适当满足地方工农业生产发展的需要,并应考虑地形、地质等自然条件。

我国铁路中间站可分为:无货场的中间站,一般只办理列车的通过、会让和越行以及少量的客货运作业,不设货场,不办理摘挂列车甩挂车组的作业;有货场的中间站,除办理与无货场的中间站同样的作业外,另设有货场,办理摘挂列车甩挂车组的作业。

一、中间站的作业和设备

1. 中间站的主要作业

(1)列车的到发、通过、会让和越行,这是中间站的主要行车工作。

(2)旅客的乘降、行李以及包裹的承运、保管与交付。

(3)货物的承运、装卸、保管与交付。

(4)摘挂列车的车辆摘挂以及向货物线、专用线取送车辆的调车作业。

有的中间站如有工业企业线接轨或机车牵引起终点以及机车折返时,尚需办理去专用线取送车、补机的摘挂和机车整备等作业。

另外,在客、货运量较大的个别中间站,还应有始发、终到旅客列车及编组始发货物列车的作业等。

2. 中间站的主要设备

为了完成上述作业,中间站应根据作业的性质和工作量大小而设置以下设备:

(1)客运设备:包括旅客站舍(售票房、候车室、行包房)、旅客站台、雨棚和跨越设备(天桥、地道、平过道)等。

(2)货运设备:包括货物仓库、货物站台和货运室、装卸机械等。

(3)站内线路:包括到发线、牵出线和货物线等,它们分别用于接发列车、进行调车和货物装卸作业。

(4)信号及通信设备:包括信号机、信号表示器、站内电话、对讲机、广播及扩音设施等。

二、会让站和越行站

在我国铁路上,还有数量不多、主要用来提高线路通过能力而设置的车站,称为会让站和越行站。根据《铁路技术管理规程》规定,会让站和越行站均包括在中间站之内。

(一)会让站

会让站设在单线铁路上,主要办理列车的到发和会让,也办理少量的客货运业务。因此,会让站应铺设到发线、旅客乘降设备,并设置信号及通信设备、技术办公用房,但没有专门的货运设备。在会让站上,既可以实现会车,也可以实现越行。两列反向列车互相交会,即先到的列车在本站停车,等待反方向的列车到达或通过本站后,再继续开行,叫作会车。两列同向列车先后到达,先行列车在本站停车,等待后行列车通过本站或到达本站停车后变为先行称为越行,如图5-1所示。

图5-1 会让站

(二)越行站

越行站设在双线铁路上,主要办理同方向列车的越行业务,必要时办理反方向列车的转线,也办理少量的客、货运业务。因此,越行站应有到发线、旅客乘降设备、信号及通信设备、技术办公房屋等。

在正常情况下,双线铁路的每一条正线规定只开行某一方向的列车。车站上的到发线按方向分别设置的。相对方向运行的列车,在区间内或车站上都可以交会。每一方向等待行的列车可停在到发线上(图 5-2 中的 3 道或 4 道),不用跨越正线。车站两端设有渡线。在必要时作为调整列车运行方向或车站实行反方向接发列车之用。

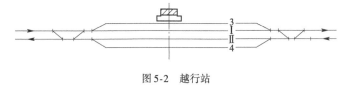

图 5-2　越行站

三、中间站布置图

中间站布置图按到发线的相互位置,主要分为横列式和纵列式两种。

1. 横列式中间站布置图

横列式中间站布置的特点是到发线沿正线横向排列。这种布置图具有站坪长度短,工程投资省;设备布置紧凑,便于管理;到发线使用灵活等优点。因此,在中间站上广泛采用此种布置图,如图 5-3、图 5-4 所示。

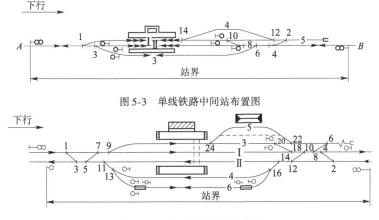

图 5-3　单线铁路中间站布置图

图 5-4　双线铁路中间站布置图

2. 纵列式中间站布置图

纵列式中间站布置图的特点是:到发线沿正线纵向排列,通常逆运转方向错移一个货物列车到发线的有效长度。纵列式中间站布置图有利于组织列车不停车会车,提高区间通过能力;适应重载列车到发的需要;便于车站值班员与司机交接行车凭证。但这种布置图站坪长度长、工程投资大,且增加了中间咽喉,车站定员多,管理也不方便;车站值班员瞭望信号确认进路也不方便,车长与值班员联系工作走行距离长。因此,这种布置图利少弊多,一般只在山区因地势陡窄或需组织不停车会让才采用,如图 5-5 所示。

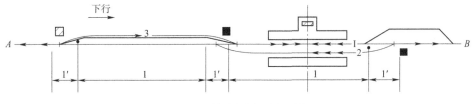

图 5-5　纵列式中间站布置图

任务实施

步　骤	内　　容	备　注
课前准备	课前预习中间站作业及主要设备的相关知识	
现场参观	听现场人员讲解相关知识	
课堂讨论	根据参观内容,课堂上进行讨论、交流	
教师总结	教师对课程内容进行总结	

任务测评

教师依据同学们的回答情况,进行分组点评,并给出测评成绩。

序　号	评价内容	完成情况	存在问题	改进措施
1	课前知识查阅情况			
2	中间站作业及主要设备掌握情况			
3	教师评价			

课后小结

根据老师的评价,各小组进行总结。

姓名		组号		教师	
自我小结:					

任务 2　区段站认知

学习目标

1. 了解区段站布局基本常识。
2. 掌握区段站作业及主要设备。
3. 养成虚心向现场师傅学习的工作作风。

问题与思考

区段站多设在铁路网上牵引区段(机车交路)的起点或终点,它在路网中起什么作用?有哪些设备?

工作任务

教师组织学生到学校附近区段站参观,听工作人员介绍区段站作业及主要设备。学生根据课程要求课前做好准备。参观时,针对现场工作提问,回到课堂进行总结交流。

预备知识

一、区段站的设置与任务

区段站多设在铁路网上牵引区段(机车交路)的起点或终点。区段站的主要任务是为邻接的铁路区段供应或整备机车及更换机车乘务组,并为无改编中转货物列车办理规定的技术作业。此外,还办理一定数量的列车解编作业及客货运业务。在设备条件具备时,还进行机车、车辆的检修业务。区段站位于铁路网上各牵引区段的分界处,其设置位置主要决定于三个因素,即牵引区段长度、路网的技术作业要求、地区及城镇发展规划。

二、区段站的作业与设备

区段站的作业和设备尽管在数量和规模上都不是最大的,但其作业和设备的种类却是比较齐全的。

(一)区段站的作业

根据区段站所担负的任务,主要办理的作业可以归纳如下:

(1)客运业务:与中间站所办理的客运业务基本相同,只是数量较大。

(2)货运业务:与中间站所办理的货运业务大致相同,但作业量较大。在某些区段站上还进行机械冷藏车的整备及牲畜车的供水作业。

(3)运转作业。

①与旅客列车有关的运转作业:主要办理通过旅客列车的接发作业,有的车站还办理局管内或市郊旅客列车的始发、终到作业以及个别车辆的甩挂作业。

②与货物列车有关的运转作业:主要办理无改编中转列车的接发和有关作业。对区段列车和摘挂列车,要进行解体和编组作业。同时,还办理向货场、工业企业专用线取送作业车等。有些区段站对部分改编中转列车,办理变更运行方向、变更列车重量或换挂车组等作业。某些区段站还担当少量始发直达列车的编解任务。

(4)机车业务:以更换货物列车机车和乘务组为主,对机车进行整备、修理和检查等。

(5)车辆业务:主要是办理列车的技术检查和车辆的检修任务。在少数设有车辆段的区段站上,还办理车辆的段修业务。

由上述可知,区段站所办理的作业,无论从数量上或种类上,都远较中间站复杂得多。而在所办理的解、编及中转列车中,又以无改编中转列车所占比重为最大,成为区段站作业组织工作的重要部分。

所有到达区段站的货物列车,按它在该站所进行的作业性质,可以分为两类:一类是到达本站不解体,只作技术检查和机车换挂等作业,然后继续运行的列车,叫作无改编中转列车;另一类是列车到达本站后,要将车列解体,车组进入调车场集结编组形成新的列车后由车站出发,这种列车叫作改编列车。解体,就是把车列中不同去向的车辆分别送入调车场的指定线路上;编组,就是把停留在调车线上同一去向的车辆,按列车编组计划的规定连挂起来,编成一个新的车列。

(二)区段站的设备

为了保证上述作业的完成,在区段站上应设有以下各项设备:

(1)客运业务设备。主要有旅客站房、旅客站台、雨棚及跨越线路设备等。

(2)货运业务设备。主要指货场及其有关设备,如装卸线、存车货物站台、仓库、雨棚、堆放场及装卸机械等。

(3)运转设备。

①供旅客列车使用的运转设备。主要有旅客列车到发线,必要时设客车车底停留线。

②供货物列车使用的运转设备。主要有货物列车到发线、调车线、牵出线、机车走行线及机待线等。

(4)机务设备。包括机务段和折返段。在机务段所在的区段站上如采用循环运转制时,在到发场应设有机车整备设备。当采用长路轮乘制时,可设置机车运用段或机务换乘点。

(5)车辆设备。主要包括车辆段、列检所和站修所等。

(6)信号、通信设备等。

三、区段站布置图

区段站布置图形表示出车站各项设备的总体布局,主要是根据与车站通过能力直接有关设备的相互位置来确定的,也就是根据正线、旅客列车到发线(场)及上、下行货物列车到发线(场)的相互位置确定的。

区段站常见的布置图有横列式、纵列式及客货纵列式三类。

1. **横列式区段站布置图**

当上、下行到发线(场)平行布置在正线一侧,调车场在到发场的一侧时,称为横列式区段站布置图,如图5-6所示。

(1)主要优点:布置紧凑,站坪长度短,占地少;设备集中,投资省;管理方便,作业灵活性大;对部分改编中转列车的甩挂作业较方便;对各种不同地形的适应性强,并便于进一步发展。

(2)主要缺点:一个方向的列车机车出入段走行距离长;货场取送车和正线有交叉干扰;对站房同侧的工业企业线接轨不方便。

(3)适用场合:适于客货运量不大、地形受限的单线铁路;部分运量不大的双线铁路也可采用。我国铁路大部分单线铁路区段站均采用横列式布置图。

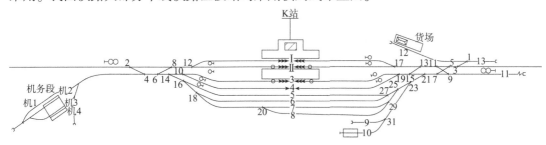

图 5-6 横列式区段站布置图

2. 纵列式区段站布置图

在双线铁路上,往往客货运量较大,为了减少站内两端咽喉区上、下行客、货列车进路的交叉干扰,可采用纵列式布置图。

在区段站上,当上、下行到发场分设在正线两侧,并逆运行方向全部错移,在其中一个到发场一侧,设一个双方向共用的调车场时,称纵列式区段站布置图,如图5-7所示。

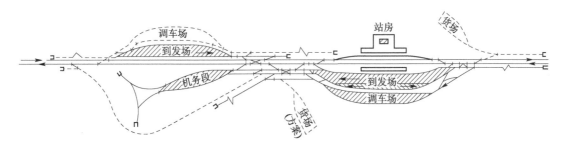

图 5-7 纵列式区段站布置图

(1)主要优点:作业交叉干扰比横列式布置图少,提高了车站通过能力;上下行机车出入段走行距离都较短;当机车采用循环运转制交路时,到发线上的整备设备比较集中;对站房同侧的工业企业线接轨比较方便。

(2)主要缺点:站坪长度长,占地多;设备分散,投资大;定员较多,管理不便;一个方向货物列车的机车出入段要横切正线。

(3)适用场合:一般只有在机车采用循环运转制交路时,才采用这种图形,以便充分发挥其优越性。

任务实施

步　骤	内　　容	备　注
课前准备	课前预习区段站作业与主要设备相关知识	
现场参观	听现场人员讲解相关知识	
课堂讨论	根据参观内容,课堂上进行讨论、交流	
教师总结	教师对课程内容进行总结	

任务测评

教师依据同学们的回答情况,进行分组点评,并给出测评成绩。

序　号	评价内容	完成情况	存在问题	改进措施
1	课前知识查阅情况			
2	区段站作业与主要设备掌握情况			
3	教师评价			

课后小结

根据老师的评价,各小组进行总结。

姓名		组号		教师	
自我小结:					

任务3　编组站认知

学习目标

1. 了解编组站的作用及任务。
2. 掌握编组站作业及主要设备。
3. 养成虚心向现场师傅学习的工作作风。

问题与思考

编组站被称为"货物列车的制造工厂",你知道这是为什么吗?编组站的作用是什么呢,有哪些设备?

工作任务

教师组织学生到编组站段参观,听工作人员介绍编组站作业及主要设备。学生根据课程要求课前做好准备。参观时,针对现场工作提问,回到课堂进行总结交流。

预备知识

一、编组站的作用及任务

编组站是在铁路网中,用于办理大量货物列车解体和编组作业,并为此设置专用调车设备的车站。一般设在有大宗车流集散和需要整理的地方。

编组站的作用是按照列车编组计划要求,编解各种货物列车,而且是以直达、直通等改编列车为主。从这个意义上讲,编组站实际上就是一个编组列车的工厂,如图5-8所示。

归纳起来,编组站在路网上和枢纽中的主要任务和作用如下:

(1)解编各种类型的货物列车,如改编列车;

(2)组织和取送本地区的车流,如小运转列车;

图5-8 编组站

(3)设在编组站的机务段,还需供应列车动力、整备检修机车;

(4)设在编组站的车辆段及其下属单位(站修所、列检所),还要对车辆进行日常维修和定期检修等。

二、编组站的分类

由于运输组织变化和区域经济发展不平衡,有的编组站工作量明显减少、作用明显降低(原有关于路网、区域和地方性的编组站定位和分工不适应延长机车交路、减少改编次数、压缩周转时间等运输组织要求),为路网性和区域性两类。

(一)路网性编组站

路网性编组站位于几条铁路干线的汇合点,编组两个及以上远程技术直达列车,年度日均改编车数一般在6000辆以上。设有单向或双向纵列式抑或混合式编组站,其驼峰设有自动或半自动控制设备。

(二)区域性编组站

区域性编组站分布在铁路干线交会的重要地点,是路网重要支点。主要编组相邻编组站间直通列车,年度日均改编车数在4000辆以上,具有半自动或机械调车设备。我国现有编组站40处。

若在一个铁路枢纽内设有两个及以上的编组站,则根据作业分工和作业量,将其分为以下两类:

(1)主要编组站。主要编组站主要承担网上中转车流的改编任务,以解编直达、直通列车为主。

(2)辅助编组站。辅助编组站协助主要编组站作业,以解编地区小运转车流为主,个别情况也编组少量直达列车。

三、编组站的作业与设备

(一) 编组站主要作业

(1)改编货物列车作业。这是编组站的最主要作业,包括解体列车的到达作业、解体作业、编组作业及出发作业。这几项作业的数量多且复杂,是分别在相应不同地点和车场办理的。

(2)无调中转列车作业。这种列车作业比较简单,其主要作业是换挂机车和列车的技术检查,时间短,办理地点只限于到发场(或专门的通过车场)。

(3)货物作业车作业。货物作业车是指到达本站及工业企业线或段管线内进行货物装卸或倒装的车辆。其作业过程比改编中转列车增加了送车、装卸及取车三项作业。

(4)机车整备和检修作业。这项作业与区段站相同。

(5)车辆检修作业。编组站上的车辆检修作业包括在到发线上进行的车列技术检查及不摘车维修;在列检或调车过程中发现车辆损坏,需摘车倒装后送往车辆段或站修所进行修理(即站修);根据任务扣车送段维修(即段修)。

此外,根据具体情况,编组站有时还需办理以下少量作业:

①客运作业,包括旅客乘降或换乘。

②货运作业,包括货物装卸、换装等。

③军用列车供应作业。

为了减少对编组站解编作业的干扰,确保主要任务的完成,应尽量不在编组站上办理或少办理客、货运业务。

(二) 编组站主要设备

(1)调车设备。编组站的核心设备,包括调车驼峰、调车场、牵出线、辅助调车场等几部分,用以办理列车的解体和编组作业。

(2)行车设备。即接发货物列车的到发线,用以办理货物列车的到达和出发作业。根据其作业量的大小和不同的作业性质,可设置到发场、出发场(包括通过车场)。

(3)机务设备。即机务段。编组站的机务段规模比较大,供本务机车和调车机车办理检修和整备作业。

(4)车辆设备。包括列检所、站修所和车辆段。

(5)客远运设备。编组站客运业务很少,一般利用正线接发旅客列车。当客车对数较多时,也可设置1~2条到发线和1~2个旅客站台。

(6)货运设备。编组站一般不设专门的货运设备,按照具体情况可设零担中转换装站台、冷藏车加冰设备以及牲畜、鱼苗车的上水换水设备。

此外,编组站还必须有信号、联锁、闭塞、通信和照明等设备。

四、编组站布置图形

编组站的主要工作,是进行列车的解编作业,而列车的到达、解体、集结、编组和出发等一系列作业过程,又是在编组站的各个车场上完成的。因此,到达场、调车场、出发场就成为列车改编作业的主要场地。调车设备是编组站的核心设备。调车设备的数量与规模及各车场的相互位置,就构成了编组站不同形式的布置图。

1. 按照调车设备的套数及调车驼峰方向分类

单向编组站:凡上、下行改编车流共用一套调车设备完成解编作业的编组站图形。

双线编组站:有两套调车设备分别承担上、下行改编车流的解编作业的编组站图形。

2. 按车场相互位置的不同

(1)横列式编组站:上、下行到发场与调车场并列配置。

(2)纵列式编组站:到达场、调车场、出发场主要车场顺序横列的。

(3)混合式编组站:主要车场纵列、另一部分车场横列的。

我国编组站布置图的基本类型归纳起来共有六类,其他类型都是在这个基础上派生的,并且数量很少。为了更清楚地表述编组站布置图形的基本排列特征和车场个数,在我国铁路设计单位及现场对编组站图形有"几级几场"的称呼。所谓"级",可以理解为车站中轴线上车场排列形式,即车场处于纵向不同的"台级",因而横列式又称为一级式,混合式又称为二级式,纵列式又称为三级式。所谓"场",是指车场个数。同样是双向纵列式,根据车场数量的不同,又可能会产生双向三级六场、双向三级八场等各种形式的布置图形。

五、调车设备

铁路编组站的主要任务,是对货物列车进行解体和编组,其运营特征集中反映在解体和编组的调车作业过程中。而调车作业的效率与安全,除了与调车人员的技术水平和熟练程度有关外,主要取决于车站所采用的调车设备和技术设施。调车工作按使用设备的不同,可以分为驼峰调车和牵出线调车。

1. 牵出线调车

牵出线调车是最基本的调车作业方式,牵出线是一项重要的调车设备。即使在驼峰编组站上,也还有许多调车项目,如车列的编组、转线、车辆的摘挂和取送等需使用牵出线进行调车(课件)。

2. 驼峰调车

驼峰是利用车辆本身所受的重力并辅以机车的推力进行分解车列的一种调车设备。调车时,调车机车先将车列推上峰顶,摘开车钩后车辆就自行溜放。这是编组站解体车列的一种主要方法。

(1)调车驼峰分类。

①按作业能力,可分为大能力驼峰、中能力驼峰、小能力驼峰。大能力驼峰,日均解体车数 4000 辆以上;中能力驼峰,日均解体车数 2000~4000 辆;小能力驼峰,日均解体车数 2000

辆以下。

②按技术装备,可分为简易驼峰、非机械化驼峰、机械化驼峰、半自动化驼峰和自动化驼峰。

(2)驼峰的平、纵断面及组成。

驼峰的范围是指峰前到达场(在不设峰前到达场时为牵出线)与调车场之间的一部分线段,如图5-9所示。

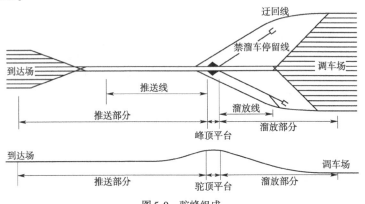

图5-9 驼峰组成

驼峰由推送部分、溜放部分和峰顶平台三部分组成。

推送部分:是指经驼峰解体的车列其第一钩车位于峰顶时车列全长所在的线路范围。其坡度是为了形成驼峰的高度和车钩的压缩状态,便于提钩。

溜放部分:从驼峰峰顶到调车场计算点之间的区段,叫溜放部分,包括加速坡、中间坡和道岔区坡三部分。其坡度是为了提高车组的溜行速度和造成车组间的必要安全间隔。在这段范围内设有调速设备(车辆减速器、减速顶等),以便调整钩车溜放速度。计算点是确定驼峰的高度时,保证难行车在溜车不利条件下溜到调车场难行线某处停车或具有一定速度的地点。

峰顶平台:推送部分与溜放部分的连接处,设有一段平坦地段,叫作峰顶平台。其作用是缓和两个不同坡段的连接、防止车钩折损。峰顶平台的长度取决于车辆的构造情况和压钩坡的坡度,一般取7.5~10m。

(3)驼峰调速设备。

驼峰调车场的调速工具是提高驼峰的改编能力,保证作业安全所必需的设备。

目前,我国铁路上常用的调速工具有人力制动机、制动铁鞋、车辆减速器、减速顶(加减速顶)、加减速小车等。

①减速器。

减速器是利用两片制动夹板挤压车轮,使车轮减速的设备。根据减速器工作的动力不同,可以分为压力式减速器和重力式减速器。在自动化驼峰上,可以根据车辆的走行性能、重力、预定的停车地点以及溜放速度等条件,由自动化装置控制减速器的制动能力。

②减速顶。

为了解决调车场内的目的制动,提高车辆连挂率,还在调车场内采用减速顶。

减速顶是一种不需要外部能源的、可以自动控制车辆溜放速度的调速工具,由外壳、吸能帽、活塞组合件、密封组合件和止冲装置等五部分组成。车轮经过减速顶时,吸能帽斜对轮缘部分。减速顶可以安装在线路的钢轨内侧,也可以安装在钢轨外侧。

减速顶对低于临界速度的车辆不起减速作用,对高于临界速度的车辆才起减速作用。

任务实施

步　　骤	内　　　　容	备　　注
课前准备	课前预习编组站作业与主要设备相关知识	
现场参观	听现场人员讲解相关知识	
课堂讨论	根据参观内容,课堂上进行讨论、交流	
教师总结	教师对课程内容进行总结	

任务测评

教师依据同学们的回答情况,进行分组点评,并给出测评成绩。

序　　号	评价内容	完成情况	存在问题	改进措施
1	课前知识查阅情况			
2	编组站作业与主要设备掌握情况			
3	教师评价			

课后小结

根据老师的评价,各小组进行总结。

姓名		组号		教师	
自我小结:					

项目6　铁路信号与通信设备

任务1　铁路信号基本常识

学习目标

1. 了解铁路信号的基本常识。
2. 掌握铁路常见固定信号的名称、功能。
3. 养成虚心向现场师傅学习的工作作风。

问题与思考

我们平时坐火车时,总能在线路旁边看到信号机,有的显示红色,有的显示蓝色,你知道它们分别都代表什么含义吗？又有着怎样的作用呢？

工作任务

教师组织学生到电务段、铁路线路参观,听工作人员介绍铁路信号基本常识。学生根据课程要求课前做好准备。参观时,针对现场工作提问,回到课堂进行总结交流。

预备知识

一、铁道信号及作用

1. 信号的含义

广义上,铁路信号是保证行车安全,提高区间和车站通过能力以及编组站编解能力的自动控制及远程控制技术的总称。

狭义上,一般是指地面和机车上的各种信号机、表示器以及手信号。

2. 信号作用

信号是指示列车运行或调车作业的命令,所有行车人员都必须严格遵守,以保证安全。

3. 信号的分类

从感观上分,信号可分为:

①听觉信号:号角、口笛、响墩发出的音响,机车和轨道车的鸣笛声。

②视觉信号:信号机、信号灯、信号旗、信号牌、火炬等显示的信号。

视觉信号按其性质可分为:
①手信号:手提式信号灯、信号旗或直接用手臂发出的信号。
②移动信号:在地面上临时设置的信号。
③固定信号:为防护一定目标,常设于固定地点的信号。机车信号也属于固定信号。
④信号表示器:表示某种与行车有关设备的位置和状态,并补充信号机应指示的条件及表示行车人员的某种意图,如道岔、脱轨、进路、发车、发车线路、调车、水鹤及车挡表示器。

我国铁路视觉信号,按照运营要求,采用以下基本颜色及基本意义:
①红色——要求停车的信号;
②黄色——要求注意或减速运行的信号;
③绿色——准许按规定速度运行的信号。

要求停车的信号叫作禁止信号或停车信号。要求注意或减速运行的信号以及准许按规定速度运行的信号,都叫作进行信号。

二、固定信号分类、设置位置和显示意义

1. 固定信号分类
(1)按设置部位分类,固定信号可分为地面信号和机车信号。
(2)按信号机构造分类,地面信号机可分为色灯信号机和臂板信号机。
①色灯信号机是用灯光的颜色、数目及亮灯状态表示信号含义的信号机。色灯信号机按构造又分为LED、透镜式和组合式。
②臂板信号机是以信号臂板的形状、颜色、数目、位置表达信号含义的信号机。目前已基本取消。
(3)按用途分类,固定信号可分为信号机和信号表示器两大类。
①信号机。
作用:防护站内进路;防护区间;防护危险地点,具有严格的防护意义。
分类1:信号机按用途又可分为进站、出站、进路、通过、调车、驼峰、遮断、预告、复示等信号机。
分类2:主体信号机——能独立构成信号显示,指示列车或调车车列运行的条件,如进站、出站、进路、通过、驼峰、调车等信号机。
从属信号机——不能独立存在,而是附属于主体信号机。如预告和复示信号机。预告信号机从属于进站信号机、所间区间的通过信号机和遮断信号机。复示信号机从属于进站、进路、出站、驼峰、调车等信号机。
道口信号机——设于铁路平交道口。
②信号表示器。
作用:对行车人员传达行车或调车意图;对信号进行某些补充说明,没有防护意义。
种类:信号表示器包括发车表示器、调车表示器、进路表示器、发车线路表示器、道岔表示器、脱轨表示器等。

(4)按安装方式分类,信号机可分为高柱信号机、矮型信号机、信号托架和信号桥。因受限界限制,不能安装信号机柱时,则以信号托架和信号桥代替。

(5)按停车信号的意义分类,固定信号可分为绝对信号和容许信号。

绝对信号——指列车和调车车列必须无条件遵守的停车信号,一般信号机都属于这一类。它们显示禁止信号时,列车或调车车列不许越过。当然调车信号机的禁止信号对列车不起作用。

容许信号——设于区间通过信号机上的一种附属信号,当容许信号显示一个蓝灯时,列车可在该通过信号机显示红灯的情况下,以不超过20km/h的速度通过。

2.地面固定信号的设置原则

(1)一般设于线路左侧。我国铁路为左侧行车制。如果两线路之间距离不足以装设信号机时,可采用信号托架或信号桥,其上的信号机设于线路左侧,也可设在所属线路的中心线上空。

特殊情况下,经中国国家铁路集团有限公司批准,也可设于右侧。

(2)信号机限界。任何信号机不得侵入铁路建筑限界。规定:高柱信号机限界,在正线和通过超限货物列车的站线上为2440mm,其他站线为2150mm;矮型信号机限界为1875mm。

3.信号机及其显示意义和设置位置

(1)进站信号机。进站信号机用来防护车站,指示列车能否由区间进入车站以及进入车站的有关条件。进站信号机应设在距车站最外方进站道岔尖轨尖端(逆向道岔)或警冲标(顺向道岔)不少于50m的地点。如因站内需要经常利用正线进行调车作业,或因地形等其他条件使信号显示距离达不到规定要求时,可以将信号机适当外移,但一般不应超过400m。若因信号显示不良而外移时,最大不宜超过600m,如图6-1所示。

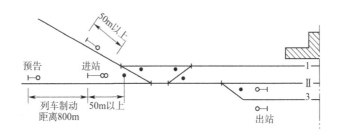

图6-1 进站信号机设置位置

(2)出站信号机。在车站每一发车线警冲标内方(逆向道岔为尖轨尖端外方)的适当地点,装设出站信号机,用以防护区间的安全,指示列车能否由车站进入区间。

(3)预告信号机。为了向司机预告主体信号机(如进站信号、通过信号机等)的显示,必要时(在非自动闭塞区段上未安装机车信号时,在通过遮断信号机前方,在采用进站色灯信号机时或进站信号机的显示距离不足、瞭望条件受限制等情况下)应设置预告信号机。预告信号机应设在距主体信号机不小于800m的地点。

(4)通过信号机。用来防护自动闭塞区段的闭塞分区或非自动闭塞区段所间区间,指示列车能否进入其所防护的分区或区间。一般设于闭塞分区或所间区间的分界处。

(5)进路信号机。在有几个车场的车站,为了防护从一个车场到另一个车场之间的进路,指示列车能否由这一个车场开往另一个车场,应当设置进路色灯信号。

(6)调车信号机。调车信号机装设在电气集中联锁的车站经常进行调车作业的线路上(如到发线、咽喉道岔区等),用来指示机车进行调车作业。在到发线上,调车信号机可以和出站信号机合并,在出站信号机柱上添设一个容许调车的月白灯,成为出站兼调车信号机。

(7)驼峰信号机。在驼峰调车场每条推送线峰顶平台处,应装设驼峰色灯信号机,用来指示驼峰调车机的推送速度及去峰下禁溜线进行调车。为了能让车列后部的调车司机看清信号显示,在到发线的适当位置,还应装设驼峰色灯辅助信号机。如果驼峰色灯辅助信号机的显示距离不能满足作业要求,根据需要可再装设驼峰色灯复示信号机。

(8)复示信号机。进站、出站、进路信号机,因受地形、地物影响,达不到规定的显示距离时,应装设复示信号机。

4. 信号机的定位状态

信号机有关闭和开放两种状态。将信号机经常保持的显示状态作为信号机的定位。信号机定位的确定一般要考虑保证行车安全,提高运输效率或信号显示自动化等因素。进站进路、出站信号机对行车安全起着极其重要的作用,规定以显示停车信号——红灯为定位;调车信号机以显示禁止调车信号——蓝灯为定位;预告信号机是附属于主体信号机的,仅能表示主体信号机的显示状态,故以显示注意信号——黄灯为定位。

驼峰信号机用以指示溜放作业和下峰调车,以显示停止信号——红灯为定位。

自动闭塞的每架通过信号机,都是其运行前方信号机的预告信号机。为提高区间通过能力,保证列车经常在绿灯下运行,规定通过信号机以显示绿灯为定位。进站信号机前方第一架通过信号机兼有预告信号机的作用,故以显示黄灯为定位。

非自动闭塞区段的通过信号机,兼有防护接车、发车的作用,以显示红灯为定位。

复示信号机以无显示为定位。

任务实施

步　　骤	内　　　　容	备　　注
课前准备	课前预习铁路信号及常见固定信号的名称、功能的相关知识	
现场参观	听现场人员讲解相关知识	
课堂讨论	根据参观内容,课堂上进行讨论、交流	
教师总结	教师对课程内容进行总结	

任务测评

教师依据同学们的回答情况,进行分组点评,并给出测评成绩。

序　　号	评价内容	完成情况	存在问题	改进措施
1	课前知识查阅情况			
2	铁路信号及常见固定信号的名称、功能掌握情况			
3	教师评价			

课后小结

根据老师的评价,各小组进行总结。

姓名		组号		教师	
自我小结:					

任务2　车站联锁设备认知

学习目标

1. 了解铁路联锁基本常识。
2. 掌握联锁设备的名称及功能。
3. 养成虚心向现场师傅学习的工作作风。

问题与思考

铁路车站每天的作业是繁忙的,如何保证信号、道岔、进路之间建立起一种相互联系又相互制约的关系,从而保证行车安全?这就需要学习联锁的相关知识。

工作任务

教师组织学生到电务段、车站参观,听工作人员介绍联锁设备基本常识。学生根据课程要求课前做好准备。参观时,针对现场工作提问,回到课堂进行总结交流。

预备知识

一、进路与联锁的概念

在站内,列车和调车车列由一点运行到另一点所经过的线路和道岔,称为进路。凡是列车进站、出站、通过所经过的线路,称为列车进路。凡是为各种调车作业所开通的进路,称为调车进路。一般每条进路的始端都设有一架信号机进行防护,以保证作业安全。通过进路和长调车进路由若干条进路接续而成,沿途有多架信号机防护。

列车运行和站内的调车作业必须根据防护列车进路和调车进路的信号机的显示进行,在信号开放之前必须检查确认进路无车占用,列车和调车进路的建立也要通过将道岔转换到正确位置来实现,当进路开通后还必须将进路上的道岔锁闭在规定的位置。这种为了保证列车运行及调车作业安全,在有关道岔、进路与信号机之间建立的一系列相互制约的关系叫联锁。为了完成联锁关系而安装的技术设备叫联锁设备。

二、对联锁设备的基本要求

各种联锁设备应满足下列要求:

(1)开放某一进路时,必须先将进路上的所有道岔扳到正确位置后,防护这一进路的信号机才能开放。当进路上的有关道岔开通位置不对或敌对信号机未关闭时,防护该进路的信号机不能开放。

(2)当防护某一进路的信号机开放后,该进路上的有关道岔均应锁闭在指定位置,不能扳动。

(3)当防护某一进路的信号机开放后,与之敌对进路(两条或两条以上的进路,有一部分相互重叠或交叉,有可能发生列车或机车车辆冲突的进路)的信号机应全部被关闭,不能开放。

(4)正线上的出站信号机未开放时,进站信号机不能开放通过信号;主体信号机未开放时,预告信号机不能开放。

三、联锁设备的分类

自从1856年英格兰的布列克勒叶·阿姆斯(Brickloyer Arms)车站装设了由萨克斯倍(Saxby)首创的萨式联锁机开始,车站联锁至今已有100多年的历史,经历了机械联锁、电机联锁、电气联锁、电气集中联锁、计算机联锁的发展过程。

联锁设备分为集中联锁(继电联锁和计算机联锁)和非集中联锁(臂板电锁器联锁和色灯电锁器联锁)。编组站、区段站和电源可靠的其他车站,有条件的均应采用集中联锁。在新建铁路线上条件不具备时,可采用非集中联锁。

1. 电气集中联锁

电气集中联锁是集中联锁中最常用的一种,它是在信号楼或车站值班员室集中控制信号机和道岔的联锁设备。在继电联锁设备中实现联锁的元件是继电器。

信号机和电动转撤机,操作人员只需在控制台上按压按钮就能办理或解锁进路,而且采用了逐段解锁方式,从而缩短了进路建立和解锁时间,提高了车站通过能力。电气集中联锁是目前使用较为广泛的联锁设备类型,最典型的是6502型大站电气集中联锁。

2. 计算机联锁

计算机联锁是一种运用微型计算机对车站值班员的操作命令及现场表示信息进行采集,并进行运算处理,从而实现对信号机及道岔等进行集中控制的车站联锁设备。计算机联锁是一种更为高效和安全的联锁设备,现已逐步推广作为主要的联锁类型。

 任务实施

步　骤	内　　容	备　注
课前准备	课前预习铁路联锁的相关知识	
现场参观	听现场人员讲解相关知识	
课堂讨论	根据参观内容,课堂上进行讨论、交流	
教师总结	教师对课程内容进行总结	

 任务测评

教师依据同学们的回答情况,进行分组点评,并给出测评成绩。

序　号	评价内容	完 成 情 况	存 在 问 题	改 进 措 施
1	课前知识查阅情况			
2	铁路联锁基本常识的掌握情况			
3	教师评价			

课后小结

根据老师的评价,各小组进行总结。

姓名		组号		教师	

自我小结:

任务3　区间闭塞设备认知

学习目标

1. 了解闭塞基本常识。
2. 掌握铁路主要闭塞设备名称及功能。
3. 养成虚心向现场师傅学习的工作作风。

📖 问题与思考

铁路列车的运行是以区间或者闭塞分区为间隔运行的,那么如何来保证同一时间、同一区间或者闭塞分区只有一列车在运行?这就需要学习闭塞的相关知识。

📖 工作任务

教师组织学生到电务段、车站参观,听工作人员介绍铁路车辆基本构造。学生根据课程要求课前做好准备。参观时,针对现场工作提问,回到课堂进行总结交流。

📖 预备知识

一、闭塞的定义

在单线铁路上,为了防止一个区间内同时进入两列对向运行的列车而发生正面冲突,以及避免两列同向运行的列车(包括复线区间)发生追尾事故,铁路部门规定,区间两端车站值班员在向区间发车前必须办理行车联络手续,这一手续叫作行车闭塞(简称闭塞)手续。用于办理行车闭塞的设备叫闭塞设备。

二、闭塞的方法

前后列车按照一定的时间间隔运行,称为时间间隔法。把铁路线路划分为若干个区间(闭塞分区),同一区间(或闭塞分区)、同一时间内只有一趟列车运行,这种方法叫作空间间隔法。时间间隔法难以有效保证列车运行安全,一般不采用。我国铁路在正常情况下大都采用空间间隔法组织列车运行。

行车闭塞制式大致经历了:电报或电话闭塞—路签或路牌闭塞(人工闭塞)—半自动闭塞—自动闭塞的发展过程。

目前我国的基本行车闭塞方法主要有半自动闭塞、自动站间闭塞和自动闭塞。单线区段一般采用半自动闭塞或自动站间闭塞,双线区段多采用自动闭塞。根据灯显方式,又可分为三显示自动闭塞和四显示自动闭塞两种。当基本闭塞设备因故不能使用时,应根据列车调度员的命令采用电话闭塞作为代用闭塞法,电话闭塞是由相邻两站值班员以电话记录的方式办理闭塞的一种行车方法,它以路票作为列车占用区间的凭证。

三、半自动闭塞

半自动闭塞是通过装在区间两端车站控制室内的半自动闭塞机和两站相对方向的出站信号机之间实现相互控制的一种闭塞设备。以出站信号机的开放(线路所通过信号机的开放)作为列车占用区间的凭证,出站信号机不仅满足站内的联锁关系,而且受本站闭塞机的控制。只有区间空闲并经对方站同意,且由区间两端车站值班员共同办理规定的闭塞手续后,才能办理发车进路,并开放出站信号机。列车进入区间后,区间即进入占用状态,在列车到达对方车站以前,两站相对方向的出站信号机都不能开放,从而保证了一个区间里的一条线路上同一时间内只能运行一列列车。办理时,发车站的车站值班员需要先使用闭塞电话与邻站联系,人工办理闭塞,再排列进路开放出站信号机;列车出发后,出站信号机自动关闭。

(一)半自动闭塞设备(以单线为例)

采用半自动闭塞的区间两端车站上各设一台闭塞机、一段轨道电路和出站信号机,它们之间用通信线路相连接,用来控制出站信号机并实现相邻车站之间办理闭塞。

1. 闭塞机

闭塞机包括电源、继电器、操纵按钮、表示灯和电铃等。BSA:办理闭塞时用。SGA:故障时使闭塞机复原。FUA:办理复原时用。接、发车表示灯:反映闭塞机目前状态及区间情况。

2. 轨道电路

轨道电路应设在车站进站信号机内方适当地点,用以监督列车的出发和到达,并使双方闭塞机的接发车表示灯有相应的表示。专用轨道电路的长度一般不少于25m。

3. 出站信号机

出站信号机是指示列车能否由车站开往区间的信号机,它受到闭塞机和车站联锁设备的双重控制。

(二)办理方法

1. 正常办理

以甲站为发车站,乙站为接车站,其正常办理闭塞的步骤见表6-1。

步骤顺序	甲站(发车站)	乙站(接车站)
1	请求发车:值班员按压闭塞按钮BSA后,发车表示灯FBD亮黄灯,同时电铃鸣响	接车站表示灯JBD亮黄灯,同时,电铃鸣响
2	(发车表示灯FBD由黄灯变成绿灯,同时电铃鸣响)	同意接车:值班员按压闭塞按钮BSA后,接车表示灯JBD由黄灯变成绿灯
3	准备发车进路,开放出站信号机	—
4	列车出发,占用发车进路的轨道电路区段;发车表示灯FBD由绿灯变成红灯,出站信号机自动关闭	(接车表示灯JBD由绿灯变成红灯,同时电铃鸣响)
5	—	准备接车进站,开放进站信号机

续上表

步骤顺序	甲站(发车站)	乙站(接车站)
6	(发车站的 FBD 熄灭,电铃鸣响,闭塞机复原)	①列车到达,进入进站信号机内方的轨道电路区段。 ②发车表示灯 FBD 与接车表示灯 JBD 均点亮红灯,表示列车到达,同时进站信号机自动关闭。 ③值班员确认列车整列到达,并全部进入轨道后办理复原手续。 ④按压复原按钮 FUA,发车表示灯 FBD 与接车表示灯 JBD 熄灭,闭塞机复原。

2. 取消闭塞

当需要取消闭塞时,可根据不同的情况具体办理。在出站信号机开放前,应经双方值班员联系后,由发车站值班员投下 FUA 即可。当出站信号机已经开放,必须经双方值班员联系,再确认列车并未出发,关闭出站信号机,再由发车站值班员按下 FUA。此时,闭塞机方能复原。

3. 事故复原

事故复原是在车站停电或闭塞机发生故障时使闭塞机恢复正常的一种办理方法。因事故复原可以使闭塞机无条件复原,故需双方车站共同确认区间无车占用,再由发生事故一方的车站值班员申请调度命令,登记、破铅封,再按下事故按钮。

(三) 半自动闭塞的主要优缺点

采用半自动闭塞时,由于出站信号机受到对方站闭塞机的控制,因而在保证行车安全方面有一定的优越性。但是,当铁路的运量不断增大,要求进一步提高区间通过能力时,半自动闭塞也有它自己的局限性;而且,当区间线路发生故障,钢轨折断时,半自动闭塞设备也不能作出反映并由故障导向安全。因此,在一定条件下,又必须采用自动闭塞来代替半自动闭塞。

四、自动站间闭塞

由于半自动闭塞设备在区间未设轨道电路,列车在区间发生丢车不能及时发现,影响行车安全,故开发出自动站间闭塞。自动站间闭塞采用区间检查设备,并与车站联锁设备结合。当列车发出时自动构成闭塞,列车到达、区间空闲后自动复原。区间检查设备包括计轴器和长轨道电路两种。

1. 长轨道电路

采用传输距离长、抗干扰能力强的 25 Hz 相敏轨道电路;上、下行接近区段的轨道电路和中间的长轨道电路构成三点检查,只有列车到达车站并全部出清区间、完成列车进路的三点检查后,半自动闭塞才能复原。

2. 计轴器

在区间两端设置计轴点,对驶入区间和驶出区间的列车轴数进行记录,并经过传输线路将各自的轴数送到对方站进行校核。当两端记录的轴数一致时,认为列车完整到达,区间空闲,可以使闭塞机复原。与半自动闭塞相比,自动站间闭塞可以自动检查区间占用与空闲,能更好地保障行车安全,自动构成闭塞,减轻了接发列车人员的劳动强度。

五、自动闭塞

自动闭塞是由运行中的列车自动完成闭塞作用的一种闭塞制式。采用自动闭塞设备时,将站间区间划分为若干个闭塞分区,在每个闭塞分区入口设置通过信号机进行防护。由于闭塞分区内钢轨上装设了轨道电路,因而能够正确反映列车的运行情况和钢轨是否完整,并能及时传给通过信号机显示出来,向接近它的列车指示运行条件,行车安全有了"可靠保证"。因为通过色灯信号机的显示是随着列车的运行通过列车自动控制的,不需要人工操纵,所以称为自动闭塞。

(一)自动闭塞区段通过信号机的显示方式

1. 三显示

信号机采用红、黄、绿(H、U、L)三种颜色的灯光配列。显示 H 灯表示运行前方闭塞分区不空闲;显示 U 灯表示运行前方只有一个闭塞分区空闲,应减速运行;显示 L 灯表示运行前方至少有两个闭塞分区空闲,可以按规定的速度运行。

2. 四显示

与三显示比较增加了绿黄(LU)显示。显示 H 灯表示运行前方闭塞分区不空闲;显示 U 灯表示运行前方只有一个闭塞分区空闲;显示 LU 灯表示运行前方有两个闭塞分区空闲;显示 L 灯表示前方至少有三个闭塞分区空闲。对于高速列车及制动距离长的列车,要求通过绿黄信号后减速;对于低速列车及制动距离短的列车,则通过绿黄信号后不减速。

(二)自动闭塞的优点

自动闭塞和半自动闭塞相比,有以下优点:

(1)由于两站间的区间允许续行列车追踪运行,从而大幅度提高了行车密度,显著提高了区间通过能力。

(2)由于不需要办理闭塞手续,简化了办理接发列车的程序,因此既提高了通过能力,又大大减轻了车站值班员的劳动强度。

(3)由于通过信号机的显示能直接反映运行列车所在位置以及线路状态,因而确保了列车在区间运行的安全。

任务实施

步　　骤	内　　容	备　注
课前准备	课前预习闭塞的相关知识	
现场参观	听现场人员讲解相关知识	
课堂讨论	根据参观内容,课堂上进行讨论、交流	
教师总结	教师对课程内容进行总结	

任务测评

教师依据同学们的回答情况,进行分组点评,并给出测评成绩。

序 号	评 价 内 容	完 成 情 况	存 在 问 题	改 进 措 施
1	课前知识查阅情况			
2	闭塞基本常识掌握情况			
3	教师评价			

 课后小结

根据老师的评价,各小组进行总结。

姓名		组号		教师	
自我小结:					

项目7　铁路运输组织

任务1　铁路旅客运输组织

学习目标

1. 了解铁路旅客运输的任务和特点。
2. 了解旅客运输合同。
3. 掌握铁路旅客运输工作过程。
4. 培养服务意识。

问题与思考

铁路运输在交通运输体系起骨干作用,尤其是在旅客运输方面,那么,你知道铁路旅客运输的工作过程吗?

工作任务

教师组织学生到铁路客运车站参观,听工作人员介绍铁路旅客运输基本常识。学生根据课程要求课前做好准备。参观时,针对现场工作提问,回到课堂进行总结交流。

预备知识

旅客运输是现代交通体系的一个重要组成部分。旅客运输的目的是为人们进行经济、文化等的社交活动和生活提供必要的出行条件。铁路运输是我国交通运输的骨干力量,是国民经济的大动脉。铁路旅客运输是整个铁路运输的组成部分。

一、铁路旅客运输的任务

(1)最大限度地满足广大旅客在旅行上的需要。
(2)安全、迅速、便利地运送旅客、行李、包裹和邮件。
(3)在旅途中为旅客创造舒适的乘车环境。
(4)提高服务质量,为旅客提供优质服务。

二、铁路旅客运输的特点

(1)铁路旅客运输的主要服务对象是旅客,其次是行李、包裹和邮件。

(2)铁路旅客运输生产向社会提供的是无形产品,其核心产品是旅客的空间位移。它被旅客本身所消耗,其使用价值具有不确定性,其创造的社会经济效益远大于自身的经济效益。

(3)铁路客运产品具有易逝性。旅客位移的生产和消费过程同时进行,产品不能储存、不能调拨。

(4)铁路旅客运输在时间上具有较大的波动性。

(5)铁路客运车辆实行配属制(固定配属于各局客运车辆段),便于运用管理和维修,以确保车辆质量。

(6)铁路客运站的位置宜设在客流易于集散处,使旅客便于换乘不同的交通方式。一般应靠近城镇,并与市内交通及其他各种交通工具有良好的配合。旅客列车到发线及站台一般应按方向和车次予以固定,不宜随意变更。

(7)旅客在旅行中有不同的物质文化生活需求,如饮食、盥洗、休息、适宜的通风、照明、温度等。旅客运输企业不仅应满足这些需求,还应积极创造、改善良好的旅行环境并提供优质的服务,使旅客心情愉悦。

(8)铁路旅客列车都是根据需要事先编组好并按固定时刻表运行的,旅客根据自己旅行的需要选择乘车日期、车次、到站、座别。

(9)铁路运输企业应向旅客提供不同服务等级、旅行速度的运输产品,供不同需要、不同消费水平的旅客选择消费。

(10)客运服务质量的控制主要在于过程控制。它不同于工业产品质量(最终产品或生产过程),客运服务必须对售票、候车、乘降工作、列车服务等的全过程进行控制。

三、旅客运输合同

(一)铁路旅客运输合同及凭证

铁路旅客运输在法律上体现为铁路旅客运输合同关系。铁路旅客运输合同是明确承运人与旅客之间权利义务关系的协议。铁路旅客运输合同的基本凭证是车票。

铁路旅客运输合同从售出车票时成立,自旅客进站检验车票为合同履行开始,至按票面规定运输结束旅客出站时止,为合同履行完毕。

车票作为旅客运输合同,具有一定的时效,即有效期。旅客应根据票面记明的时间和车站乘车,限乘当日当次车,途中下车,车票即失效。通票的有效期按下列规定计算:客票根据乘车里程计算,500km 以内为 2 天;超过 500km 时,每增加 1000km 增加 1 天;不足 1000km 的,也按 1 天计算。卧铺票按指定的乘车日期和车次使用有效,其他附加票随同客票使用有效。

(二)承运人、旅客的权利和义务

承运人应为旅客提供良好的旅行环境和服务设施,文明礼貌地为旅客服务。确保旅客运输安全、正点;对运送期间发生的旅客身体损害以及因承运人过失造成的旅客随身携带物品损失,应予以赔偿。

旅客应购票乘车,在旅行中应遵守国家法令和铁路运输规章制度,爱护铁路设备、设施,维护公共秩序和运输安全,听从铁路车站、列车工作人员的引导,按照车站的引导标志进、出站。对运送期间发生的身体损害以及因承运人过错造成的随身携带物品损失,有权要求承运人赔偿。

四、旅客运输生产过程

铁路旅客运输生产过程,如图7-1所示。

售票 → 候车 → 检票 → 旅客上车 → 列车服务 → 旅客下车 → 出站

图7-1 铁路旅客运输生产过程

1. 售票

为了方便旅客购票,减少旅客排队和拥挤情况,车站应合理地设置售票处所,并开设足够的窗口,迅速、准确地做好售票工作。在较大的城市里,还应根据需要设立市内售票点,办理预告票、合同订票、电话订票等业务。目前铁路部门通过12306网络台提供网络售票,旅客可以在网站注册购票、订票、异地订票,并可订购联程票、返程票等。在网上完成支付后,乘车之前可在任一售票窗口或自动售(取)票机取票,大大方便了旅客购票,减轻了车站售票压力,效果良好。

铁路车票分为客票和附加票两部分。客票包括座客票、硬座客票。附加票包括加快票、卧销票、空调票。附加票是客票的补充部分,除儿童外,不能单独使用。为了方便旅客,简化发售手续,提高售票速度,铁路还专门印制了各种联合票以及临时填制的区段票和代用票。除车票外,有关人员还可以持铁路乘车证和特种乘车证乘车。

2. 候车

候车室是旅客休息和等候乘车的场所。车站昼夜都有大量的旅客,而且流动性很大,必须为旅客创造一个良好舒适的候车环境。候车室一般实行凭票候车。候车室工作人员要主动、热情、诚恳、周到地为旅客服务,搞好清洁卫生,及时通告列车到、开和检票进站时间,加强安全和旅行常识的宣传,做好广播、引导、卫生、饮水、购物、娱乐等延伸服务。为了维护车站的良好秩序,确保运输安全,方便旅客进出站、上下车,一般在旅客进入候车室之前需对旅客的随身携带品进行检查。旅客不得携带国家禁止或限制运输的物品、危险品、动物等进站上车。此外,每一个成人旅客只可免费携带物品20kg,儿童(包括免费儿童)10kg,外交人员(持外交护照者)40kg;旅客携带品的外部尺寸,每件长、宽、高之和不得超过160cm;对杆状物品不得超过200cm。残疾人旅行时代步的折叠式轮椅可免费携带,不计入上述范围。

3. 检票

为了维护车站秩序,保证旅客安全,防止旅客乘错车,车站对进站的旅客和人员持有的车票、站台票要检验和加剪。检票时先重点(老、弱、病、残、孕等旅客)、后团体、再一般。在确认车票有效后,一般要在车票边沿上剪一个小口,表明铁路旅客运输合同开始履行。

4. 旅客上、下车

旅客上、下车时极易发生事故,为确保旅客安全,客运人员应有秩序地组织旅客上、下车,做好进出站引导工作,派人值守检票口、天桥口、地道口及进站或出站通路交叉地点,严禁旅客钻车和横跨股道。对老、弱、病、残、孕等行动不便的旅客,应提供帮助,督促购物旅客及时上车,保证旅客安全。

5. 列车服务

旅客旅行大部分时间是在列车上度过的,列车服务工作的好坏直接影响到铁路的声誉及形象。列车乘务人员应主动、热情、文明、礼貌地为旅客服务,妥善照顾旅客乘降,及时安排旅客席位,保持车厢内的清洁卫生,维护车内秩序,做好广播宣传、餐饮和开水供应工作,保障旅客人身财产安全,保证列车运行安全。

列车服务工作由列车乘务组担当。列车乘务组包括客运人员(列车长、列车员、广播员、行李员、餐车服务员等)、公安乘警(乘警长、乘警等)和车辆乘务员(检车长、检车员、车电员等)三部分人员。列车乘务组在列车长的统一领导下,相互密切配合,共同做好列车服务工作。

6. 出站

旅客到达目的车站出站时,车站应收回车票。旅客需报销时,应事先声明,车站工作人员将车票撕角后交旅客作为报销凭证,学生票不给报销凭证。中途下车及换乘的车票,出站时不收回,如误撕车票,则换发代用票。

五、行李、包裹运输

(一)行李、包裹的范围

1. 行李范围

行李是指旅客自用的被褥、衣物、个人阅读的书籍、残疾人车和其他旅行必需品。另外,凭地、市级以上文化行政部门证明和"营业演出许可证",要求托运的文艺团体演出器材也可按行李运输。

为了保证行车安全、贯彻国家有关运输政策,行李中不得夹带货币、证券、珍贵文物、金银珠宝、档案材料等贵重物品和国家禁止、限制运输的物品、危险品。行李每件最大质量为50kg,体积以适于装入行李为限,最小不小于$0.01m^3$。

2. 包裹范围

包裹是指适合在旅客列车行李车内运输的小件货物。包裹分为四类:

(1)一类包裹:自发刊日起5d以内的报纸;中央、省级政府宣传用非卖品;新闻图片和中、小学生课本。

(2)二类包裹:抢险救灾物资、书刊、鲜或冻鱼类、肉、蛋、奶类、果蔬类。

(3)三类包裹:不属于一、二、四类包裹的物品。

(4)四类包裹:一级运输包装的放射性同位素、油样箱、摩托车;泡沫塑料及其制品;国务院铁路主管部门指定的其他需要特殊运输条件的物品。另外,为保证安全,有些物品是不能按包裹运输的,如危险品。每件包裹的体积、质量的规定与行李相同。

(二)行李、包裹的运送

1. 托运

旅客或托运人向车站要求运输行李或包裹称为托运。

旅客托运行李时,必须提出有效的客票(市郊定期客票除外)和行李托运单。旅客凭客票在乘车区段内,可从任何营业站托运至另一营业站,但每张客票仅限托运一次(残疾人用车除外)。旅客托运包裹时,应提出包裹托运单。托运某些特殊物品时,还应提交规定部门签发的运输证明,如托运金银珠宝、货币、证券,应提交中国人民银行的正式文件或当地铁路公安局(处)或公安分局(分处)的免检证明。行李、包裹的运输方式分为保价运输和不保价运输,旅客或托运人可选择其中一种运输方式,并在托运单上注明。参加保价运输的行李、包裹,需交纳保价费。车站对保价运输的行李、包裹可以检查其声明价格与实际价格是否相符,如旅客或托运人拒绝检查,则不能按保价运输办理。

2. 承运

车站行李员应对要求托运的行李、包裹进行必要的检查。当检查完毕后,认为符合运输条件,即可办理承运手续,填制行李或包裹票(行李、包裹票一式5页,其中丙页为领货凭证),收运杂费。

3. 运送

运送行李、包裹时,应先行李、后包裹,做到行李随人走、人到行李到。所以,行李应随旅客所乘列车装运或提前装运,包裹应按其类别的顺序及性质统筹安排运输,保证行李、包裹在一定期限(即行李、包裹运到期限)内运至到站。行李、包裹运到期限以运价里程计算,从承运日起,行李600km以内为3d,超过600km,每增加600km增加1d,不足600km也按1d计算。包裹400km以内为3d,超过400km,每增加400km增加1d,不足400km也按1d计算。

由于不可抗力等非承运人责任发生的停留时间加算在运到期限内。逾期运到的行李、包裹,承运人应按逾期天数及所收运费的百分比向收货人支付违约金,违约金最高不超过运费的30%。

4. 到达、保管、交付

行李随旅客所乘坐的列车运至到站,旅客即可领取。包裹由托运人在发站办理托运手续后,告知收货人按时领取,同时承运人在包裹到达后也应及时通知收货人领取。铁路对到达的行李、包裹免费保管3d(行李从运到日起,包裹从发出通知日起);逾期到达的行李、包裹免费保管10d。超过免费保管期限时,按超过天数核收保管费。

旅客或收货人领取行李、包裹时,凭行李、包裹领取凭证领取。如领取凭证未收到或丢失,必须提交本人身份证、物品清单和担保人的担保书,承运人对所提交的单、证和担保人的担保资格认可后,由旅客或收货人签收办理交付。

 任务实施

步　骤	内　　　容	备　注
课前准备	课前预习铁路旅客运输工作过程的相关知识	
现场参观	听现场人员讲解相关知识	
课堂讨论	根据参观内容,课堂上进行讨论、交流	
教师总结	教师对课程内容进行总结	

任务测评

教师依据同学们的回答情况,进行分组点评,并给出测评成绩。

序 号	评 价 内 容	完 成 情 况	存 在 问 题	改 进 措 施
1	课前知识查阅情况			
2	铁路旅客运输工作过程掌握情况			
3	教师评价			

课后小结

根据老师的评价,各小组进行总结。

姓名		组号		教师	
自我小结:					

任务2 铁路货物运输组织

学习目标

1. 了解铁路货物运输种类。
2. 掌握铁路货物运输流程。
3. 培养安全意识。

问题与思考

货物运输是铁路运输的重要组成部分,你知道铁路货物运输的流程吗?铁路都能够运输哪些货物?

工作任务

教师组织学生到车站参观,听工作人员介绍铁路货物运输基本常识。学生根据课程要求课前做好准备。参观时,针对现场工作提问,回到课堂进行总结交流。

预备知识

铁路货运组织是铁路运输组织工作的一个重要组成部分,做好货物运输组织工作是使铁路货物运输秩序畅通的重要保证,也是国民经济运行秩序稳定的前提条件之一。由于货运工作涉及面广、政策性强、有严格的办理程序,组织作业中具有技术性强、原则性强、复杂性强的特点。随着经济结构的调整和人民生活水平的提高,运输市场的需求发生了很大变化。集中化、快捷化将是货物运输的发展方向。

一、货物运输概述

(一) 货物运输的种类

根据托运人托运货物的数量、性质、形状和运输条件等,结合我国铁路技术设备条件,铁路货物运输分为整车、零担和集装箱运输三类。

1. 整车运输

一批货物的质量、体积或形状需要使用一辆及以上货车运输的,应按整车托运。整车货物运输费用较低,运送速度较快,安全性能好,承担的运量也较大,是铁路的主要运输方式。

需要冷藏、保温或加温的货物,规定限按整车办理的危险货物,易于污染其他货物的污秽品,蜜蜂,不易计算件数的货物,未装容器的活动物(铁路局规定在管内可按零担运输的除外),一件货物质量超过 2t、体积超过 $3m^3$ 或长度超过 9m 的货物(经发站确认不致影响中转站和到站装卸车作业的除外),都应按整车托运。

2. 零担运输

凡是不够整车运输条件的,即一批货物的质量、体积或形状都不需要单独使用一辆货车来运输的,应按零担货物托运。按零担托运的货物,一件货物体积不得小于 $0.02m^3$(一件质量在 10kg 以上的除外),每批不得超过 300 件。零担货物运输具有运量零星、批数较多、到站分散、品种繁多、性质复杂、包装条件不一、作业复杂等特点。零担运输在铁路总运量中所占的比重虽然不大,但占据了铁路货物运输的大部分工作。目前铁路部门已停止办理零担中转业务,零担业务量大幅下降。

3. 集装箱运输

托运人托运的货物符合集装箱运输条件的,可使用铁路集装箱或自备集装箱装运,按集装箱托运。

集装箱运输具有保证货运安全、简化货物包装、提高装卸效率、加速车辆周转、便于组织"门到门"运输等优点,是一种现代化的运输方式,是铁路运输的发展方向。目前铁路集装箱运输业务只能在指定的车站办理,集装箱运输应按《铁路集装箱运输办法》的有关规定办理。

(二) 按一批托运的条件

铁路货运工作中的所谓"一批",就是指承运货物和计算运输费用的一个单位。

"一批"是指使用一张运单和一份货票,按照同一运输条件运输的货物。按一批托运的货物,必须是托运人、收货人、发站、到站和装卸地点相同(整车分卸货物除外)。具体规定是:

(1)整车货物以每车为一批,跨装、爬装和使用游车的货物,每一车组为一批。

(2)零担货物和使用集装箱运输的货物,以每张货物运单为一批。使用集装箱运输的货物,每批必须是同一箱型,至少一箱,最多不得超过铁路一辆货车所能装运的箱数。

(3)易腐货物与非易腐货物,危险货物与非危险货物(另有规定者除外),根据货物的性质不能混装运输的货物,运输条件不同的货物,一般不得按一批托运。

(三)货物运到期限

货物运到期限是铁路在现有技术设备和运输组织水平的条件下,将货物运送一定距离所需要的时间。铁路承运的货物,应在规定的运到期限内运至到站,这是铁路运输的基本职责之一。货物运到期限是指从发站承运货物的次日起,至到站卸车完毕时止或货车调到卸车地点、货车交接地点时止的时间。

货物运到期限是由下列三部分时间组成的:

(1)货物发送期间为1d。

(2)货物运输期间:每250运价公里或其未满为1d;按快运办理的整车货物每500运价公里或其未满为1d。

(3)特殊作业时间,如:

①运价里程超过250km的零担货物和1t、5t型集装箱货物,另加2d;超过1000km另加1d。

②一件货物重量超过2t、体积超过3m或长度超过9m的零担货物另加2d。

③整车分卸货物,每增加一个分卸站,另加1d。

④准、米轨间直通运输的整车货物,另加1d。

货物运到期限起码天数为3d。

运价里程是根据货物运价里程表,按照发站至到站间的最短径路计算。若非铁路责任,托运人要求绕道运输时,则运价里程按实际绕道经由计算。

由于不可抗力的原因,因托运人责任致使货物在途中发生换装、整理时,托运人或收货人要求运输变更,运送活动物途中上水以及其他非铁路责任而造成的滞留时间,应从实际运到天数中扣除。

(四)铁路货物运输合同

1. 铁路货物运输合同概述

铁路货物运输是利用铁路运输工具将货物从发站运往到站的运输生产过程,在法律上体现为铁路运输合同关系。根据《中华人民共和国铁路法》和《铁路货物运输合同实施细则》,承运人和托运人(代表收货人)就铁路货物运输须签订铁路货物运输合同。铁路货物运输合同是承运人与托运人、收货人之间为明确铁路货物运输中的权利、责任、义务而签订的协议,即承运人根据托运人的要求,按约定将托运人的货物运至目的地,完好无损地交与收货人的合同。

按季度、半年度、年度或更长期签订的整车大宗货物运输合同须同时提出月度要车计划表，其他整车货物可用月度要车计划表作为运输合同，托运货物时还须向承运人递交货物运单。零担货物和集装箱运输的货物使用货物运单作为运输合同。

2. 铁路货物运输合同的签订与履行

货物运单是承运人与托运人之间为运输货物而签订的一种货物运输合同感合同的组成部分。履行铁路货物运输合同要遵循"实际履行、全面履行、诚实信用"的原则，双方当事人要按照合同的约定或者法律、法规的规定，认真履行各自的义务。托运人应完整、准确地填写货物运单，缴纳运输费用，遵守国家有关法令及铁路规章制度，维护铁路运输安全。因自身过错给承运人或其他托运人、收货人造成损失时，应负赔偿责任。

承运人应为托运人提供方便、快捷的运输条件，将货物安全、及时、准确地运送到目的地。货物自承运时起至交付后止，发生灭失、损坏、变质、污染等，承运人应承担赔偿责任。

二、货物运输流程

货物运输生产过程可分为发送作业、途中作业和到达作业三部分。

(一) 发送作业

货物的发送作业一般包括货物的托运、受理、进货与验货、制票、承运和装车作业等。

1. 托运

托运人向车站按批提出货物运单和运输要求，称为货物的托运。托运人托运的货物，分为保价运输与不保价运输两种。按哪种方式运输，由托运人确定，并在货物运单的托运人记载事项栏内注明。

保价运输是铁路对事故货物实行限额赔偿后，为保证承运人、托运人权益对等而采取的一种措施。该措施对加强内部管理、保障货物运输安全、提高运输质量也具有重要意义。

2. 受理

托运人提出的货物运单经车站审查，符合运输要求后，车站在货物运单上签证，指定进货日期或装车日期，即为受理。

3. 进货与验货

托运人凭车站签证后的货物运单，按运单上指定的日期将货物搬入货场指定的货位，即为进货。对搬入货场的货物，为了保证货物运输安全、完整，划清承运人与托运人之间的责任，货运员应按照货物运单记载认真检查现货。货物验收完毕后，货运员应在货物运单上签证，注明货物堆放货位和验收完毕日期。

4. 制票

整车货物装车后（零担货物过秤完了，集装箱货物装箱后或接收重箱后），货运员将签收的运单移交货运室填制货票，向托运人核收运杂费。货票是铁路运输货物的凭证，也是一种财务性质的票据。货票一式四联，分别是发站在站存查联、报告联、报销联和运输凭证。

5. 承运

填制货票,核收运杂费后,发站在货物运单和货票上加盖车站日期戳(另须在领货凭证及货物运单与领货凭证接缝处加盖车站日期戳)时起,即为承运。承运后,托运人应及时将领货凭证寄交收货人,便于收货人及时领取货物。自承运时起,货物运输合同成立,承、托双方就要分别履行运输合同的权利、义务和责任。

6. 装车

货物的装车作业,应在保证货物安全的条件下,积极组织快装、快卸,昼夜不间断地作业,以缩短货车停留时间,加速货物运输。装车有以下要求:

(1)装车前,必须对货车进行技术检查和货运检查,以确保行车安全和货物运输安全。

(2)装车时,必须核对运单、货票、实际货物,保证运单、货票、货物"三统一",努力提高装车质量,巧装满载,充分利用车辆的载质量和有效容积。

(3)装车后,要认真检查重车、运单、货位,保证装车质量。

(二)途中作业

货物在途中的作业主要包括货物的交接检查、货物的换装整理,货物运输合同的变更和解除及运输阻碍的处理等。

1. 货物的交接、检查

为了保证行车安全和货物的安全、完整,明确各自的责任,列车和车站(车务段)各工种之间对运输中的货物(车)和运输票据应进行交接检查,并按规定处理。

2. 货物的换装整理

货物的换装整理是指装载货物的车辆在运送过程中,发生可能危及行车安全和货物完整等情况时,所进行的更换货车或货物的整理作业。在运输途中发现货车编载、超载、货物撒漏以及因车辆技术状态不良,经车辆部门扣留。不能继续运行,或根据交接货物(车)时交接、检查处理事项中规定需换装整理的货物,由发现站及时换装或整理,以确保行车安全和货物完整。

3. 货物运输合同的变更和合同解除

托运人或收货人由于特殊原因,对已经装车挂运的货物,可按批向货物所在的中途站或到站提出变更到站、变更收货人,即为货物运输合同的变更。托运人对承运后装车前(整车货物和大型集装箱在承运后挂运前)的货物可向发站提出取消托运,经承运人同意,货物运输合同即告解除。

4. 运输阻碍的处理

因不可抗力的原因致使行车中断、货物运输发生阻碍时,铁路局对已承运的货物,可指示绕路运输;或者在必要时先将货物卸下,妥善保管,待恢复运输时再行装车继续运输。因货物性质特殊,绕路运输或卸下再装可能造成货物损失时,车站应联系托运人或收货人提出处理办法。

(三)到达作业

1. 重车和票据的接收

重车到达到站后,车站应按规定接收重车及票据。车站有关人员检查核对无误后,将到达票据送交货运室。

2. 卸车作业

卸车作业是铁路运输的又一个重要环节,其工作质量直接影响装车质量、车辆的周转速度以及排空任务的完成。因此,卸车作业各环节都应及时、认真完成。卸车作业有以下要求:

(1)卸车前,要认真检查货位、运输票据和现车,做好卸车的准备工作。

(2)卸车时,必须核对运单、货票、实际货物,保证运单、货票、货物"三统一",认真进行监卸工作。

(3)卸车后,进行车辆、线路的清扫,卸后货物的登记、货物安全距离检查等工作,并将卸完时间通知货运室,报告货调,以便取车。

3. 货物的催领和保管

承运人组织卸车的货物,到站应在不迟于卸车完毕的次日内,用电话、电报、登广告或书信等通知方式,向收货人发出催领通知。收货人也可与到站商定其他通知方式。货物运至到站,收货人应及时领取,及时领取货物是收货人应尽的义务。承运人组织卸车的货物,收货人应于承运人发出催领通知的次日(不能实现催领通知或会同收货人卸车的货物从卸车的次日)起2日内将货物搬出货场,否则要核收保管费。

4. 交付

收货人在到站领取货物时,须提交领货凭证。如领货凭证未收到或丢失,须提交相关证明。承运人在收货人办完货物领取手续和支付完费用后,应将货物连同运单一并交给收货人。

承运人组织卸车的,卸车完毕即可交付。收货人组织卸车的,货车调送至交接地点或卸车地点即可交付。交付完毕,运输合同的权利义务终止。

 任务实施

步　　骤	内　　容	备　　注
课前准备	课前预习铁路货物运输流程的相关知识	
现场参观	听现场人员讲解相关知识	
课堂讨论	根据参观内容,课堂上进行讨论、交流	
教师总结	教师对课程内容进行总结	

 任务测评

教师依据同学们的回答情况,进行分组点评,并给出测评成绩。

序　号	评价内容	完成情况	存在问题	改进措施
1	课前知识查阅情况			
2	铁路货物运输流程掌握情况			
3	教师评价			

课后小结

根据老师的评价,各小组进行总结。

姓名		组号		教师	
自我小结:					

任务3 铁路行车工作组织

学习目标

1. 了解车站行车组织常识。
2. 了解运输调度常识。
3. 掌握列车的定义和分类、列车编组、列车运行图的基本常识。

问题与思考

铁路每天开行成千上万的列车,你知道这么多的列车是如何编组的吗?又是如何组织开行、保证都能安全正点地到达目的地的呢?

工作任务

教师组织学生到车务段参观,听工作人员介绍铁路行车组织基本常识。学生根据课程要求课前做好准备。参观时,针对现场工作提问,回到课堂进行总结交流。

预备知识

铁路行车组织是铁路运输组织工作的重要组成部分。铁路运输企业必须贯彻安全生产的方针,坚持集中领导、统一指挥、逐级负责的原则,发扬协作精神,综合运用铁路各种技术设备,高质量、高效率地完成客货运输任务。铁路行车组织的主要内容包括:车流组织和列车编组计划、列车运行图和铁路通过能力、车站接发列车工作、车站调车工作、铁路运输生产计划和调度指挥等。

一、列车的定义及分类

(一)列车定义

列车是指编成的车列并挂有机车及规定的列车标志。动车组列车为自走行固定编组列车。

单机、大型养路机械及重型轨道车,虽未完全具备列车条件,也应按列车办理。

(二)列车分类

随着铁路运输事业的发展,为满足旅客和货物运输的不同需要,列车按运输性质不同主要分为以下五种:

(1)旅客列车:为运送旅客开行的列车。根据旅客列车的车底及运行速度或旅行速度等,可分为动车组、特快、快速、普通旅客列车。

(2)特快货物班列:使用行李车或邮政车等客车车辆,根据需要编组,整列装载行李、包裹和邮件等的列车。

(3)军用列车:为运送军队和军用物资开行的列车。

(4)货物列车:为运送货物和排送空货车开行的列车,分为快速货物班列、五定班列、快运、重载、直达、直通、冷藏、自备车、区段、摘挂、超限及小运转列车。

①快速货物班列:使用专用货车(如 P65 等)运送于包等的列车。

②五定班列:定点、定线、定车次、定时、定价的货物列车。

③快运货物列车:采用运行速度 120km/h 的专用车辆,以高附加值货物为重要运输对象的快速列车。

④直达货物列车:通过一个及其以上编组站不进行改编作业的列车。在装车站组成的,叫始发直达列车;在技术站(编组站和区段站的总称)组成的,叫作技术直达列车。

⑤直通货物列车:在技术站组成,通过一个及其以上区段站不进行改编作业的列车。

⑥冷藏货物列车:利用机械冷藏车专门运送鲜活、易腐等需要保持特定温度的货物的列车。

⑦自备车列车:全部用企业自备车编组而成的列车。

⑧区段货物列车:在技术站组成,运行一个区段,在本区段内不进行甩挂作业的列车。

⑨摘挂货物列车:在技术站(或中间站)组成,在区段内进行车辆甩挂或零担货物装卸的列车。

⑩超限货物列车:编挂有超限货物车辆的列车。

⑪小运转列车:在区段规定范围内或枢纽地区几个车站间开行的列车。

(5)路用列车:不以营利为目的,专为完成铁路本身任务而开行的列车。如试验列车,运送铁路器材、路料的列车,因施工、检修需要开行的轨道车、接触网作业车、大型养路机械车组等。

除上述五种列车以外,还有为执行任务而开行的特殊用途列车,如专运、救援列车等。

二、列车编组

铁路行车组织要解决的主要问题,就是如何正确地组织重车、空车流,并合理地将车辆按规定编入相应列车向目的地运送。

在流向、流量、流程、各站设备条件不尽相同,作业性质与能力互有差异的复杂条件下,如何将发、到站各不相同的重车流及不同车种的空车流合理地组织起来,在适当的地点编组成各种不同去向和种类的列车,是车流组织所要解决的问题。

为此,铁路要制订货物列车编组计划,使全路编组的列车互相配合、互相衔接,成为统一的整体,保证各站产生的车流都能迅速而经济地运送到目的地。货物列车编组计划是全路车流组织计划,由装车地直达列车方案和技术站列车编组方案两大部分组成。它根据全路车流结构、各站设备能力和作业条件,统一安排全路各站的解编作业任务,具体规定全路各货运站、编组站和区段站编组货物列车的种类、到站及车组编挂办法。

首先,在装车站利用自装车流编组装车地直达列车。装车地直达列车能最大限度地减少中间作业环节,降低运输成本,减轻运行途中有关技术站的改编作业负担,加速机车车辆周转和货物送达。没有被装车地直达列车吸收的车流,要将其送往技术站加以集中,以便和技术站自装车流汇合在一起分别编组不同种类和到站的列车。

现以某铁路局集团有限公司为例,说明 A 站 F 方向货物列车编组计划的内容。

A 站所处的位置及编组的列车种类如图 7-2 所示。将 A 站 F 方向货物列车编组计划的内容列表,见表 7-1。

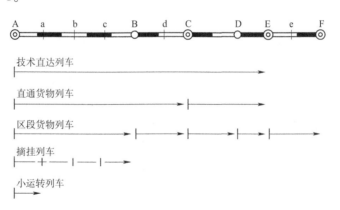

◉—编组站　○—区段站　|—中间站(装车站、卸车站)

图 7-2　甲站所处的位置及编组的列车种类

甲站列车编组计划(示例)　　表 7-1

发　站	到　站	编组内容	列车种类	定期车次	附　注
A	E	C 及其以远	技术直达		
A	C	C 及其以远 空敞车	直通		

续上表

发　站	到　站	编组内容	列车种类	定期车次	附　注
A	B	B 及其以远	区段		
A	B	a～c 间按站顺 B 及其以远	摘挂		

货物列车的编组应满足以下条件：

(1) 编入货物列车的车辆去向、车辆编挂方法等应符合列车编组计划的规定。

(2) 货物列车的质量和计长应符合列车运行图的规定（摘挂列车除外）。未经有关部门批准，车站不准发出欠轴、超重和超长列车。

(3) 编入货物列车中的车辆技术条件、装载危险货物车辆的隔离、关门车的编挂、机车编入列车的条件等，均应符合《铁路技术管理规程》的规定。

三、车站行车组织工作

(一) 接发列车工作

车站接发列车工作是列车运行的重要环节，也是保证列车按运行图安全正点运行、保证铁路畅通的关键环节。接发车工作是车站，特别是中间站的重要任务之一。由于参加接发列车工作的人员多、作业环节复杂，接发列车工作中的任何疏忽或差错，都可能造成列车晚点或行车事故，不仅影响其他列车，甚至影响全局运输。接发列车工作是全局性的工作，局部必须服从整体。因此，接发列车人员必须认真执行铁道部《接发列车作业标准》所规定的程序、用语和操作要求，贯彻集中领导、统一指挥、逐级负责的原则，做到安全、迅速、不间断地接发列车，严格按列车运行图行车。

原铁道部[1]根据我国当前不同的行车闭塞方法、人员配备和作业方法等情况，在既考虑正常情况下的作业方法，又考虑非正常情况下的特定措施的前提下，结合不同闭塞法、不同联锁类型和不同的劳动组织形式，颁发了八项《接发列车作业标准》。标准的实施，提高了接发列车作业的安全程度与作业效率，完善了接发列车作业组织，促进了作业合理化，推动了接发列车工作管理的现代化。车站接发列车人员必须严格按标准作业，不得简化。

1. 接车作业

(1) 当接车站接到发车闭塞请求（双线为发车预告）时，车站值班员在确认区间空闲后与邻站办理闭塞手续并填写《行车日志》。

(2) 确定接车线路及将接车计划通知有关人员和指示检查接车线路。列车由邻站出发后，车站值班员应复诵发车站开车通知并填写《行车日志》，及时通知信号员或扳道员（长）停止影响接车进路的调车作业，而后发布准备接车进路的命令。

(3) 经确认，接车线路空闲、进路道岔位置正确、影响接车进路的调车作业已经停止后，方可开放进站信号。

---

[1] 现为国家铁路集团有限公司。

(4)当列车接近后,车站值班虽应通知有关人员迎接列车。在听取列车整列到达的报告后,办理闭塞复原手续,开通区间,最后将列车到达时刻通知发车站、填写《行车日志》并向列车调度员报点。

2.发车作业

(1)发车站值班员在确认区间空闲后,向接车站请求闭塞(双线为预告发车),办完闭塞手续后填写《行车日志》。

(2)进行准备发车进路工作,首先通知信号员或扳道员(长)停止影响发车进路的调车作业,而后发布准备发车进路的命令。

(3)经确认,进路准备妥当、影响发车进路的调车作业已经停止后,方可开放出站信号指示助理值班员发车。

(4)助理值班员确认发车条件具备后,方可显示发车信号,列车起动。车站值班员应及时将发车时刻通知接车站及填写《行车日志》,接到列车整列出站的报告后,向列车调度员报点。

(二)调车工作

除了列车在车站到、发、通过及在区间内的运行之外,凡是机车车辆在站线或其他线路上进行的一切有目的的移动,统称为调车。调车工作是列车解编、摘挂、车辆取送过程中不可缺少的重要环节。对编组站来说,调车工作更是其主要生产活动。

1.调车工作的分类

调车工作按其作业目的不同可分为:

(1)解体调车:将到达解体的车列或车组,按其车辆的去向或其他需要分解到调车场各固定线路上去的调车。

(2)编组调车:按列车编组计划、列车运行图以及有关规章的规定和要求,将车辆选编成车列或车组的调车。

(3)摘挂调车:对部分改编中转列车进行补轴、减轴、车辆换挂以及摘挂列车在中间站进行摘挂车辆的调车。

(4)取送调车:将待装、待卸的车辆由调车场送至装卸作业地点以及从上述地点将作业完毕的车辆取回调车场的调车。

(5)其他调车:因工作需要,对车列或车组进行转场、转线,对调车场内的停留车辆进行整理,以及机车出入段等调车作业车站由于作业性质不同,完成各种调车工作的比重也不一样,如编组站有大量的解体和编组调车,而中间站一般只进行摘挂和取送调车。

2.调车作业的方法

调车作业方法按其使用设备不同可分为:

(1)牵出线调车:是一种最基本的调车作业方式,通常有推送调车法和溜放调车法两种。推送调车法是利用机车将车辆从一股道调送到另一股道的指定地点,停妥后再摘车的调车作业方法。这种调车作业方法安全可靠,但调车效率较低。溜放调车法是利用机车推送车列达到一定速度,并在行进中将计划摘下的车组提钩,司机根据调车长的信号指示减速制动,被摘下的车组借所获得的动能溜向指定地点,由制动员用人力制动机使之停车或与停留车安全连挂的调车作业方法。

(2)驼峰调车:是利用车辆本身的重力,辅以机车一定的推力,使摘下的车辆由峰顶自行溜入峰下调车场指定线路,由制动员使用铁鞋或车辆减速器、减速顶、加减速小车等使之停车或与停留车安全连挂的调车作业方法。这是编组站解体车列采用的主要方法。

列车解体作业过程主要包括:

①挂车(牵出):调车机车由峰顶驶往到达场入口端连挂车列(牵出)。

②推送:将车列推上峰顶。

③溜放:经由峰顶分解车列。

④整理:分解几个车列后,驼峰调车机车下峰进入整理场内存车(消灭天窗车站的调车工作,由车站调度员(未设调度员时由车站值班员)统一领导,每个调车组由调车长单一指挥。调车工作必须遵守《铁路技术管理规程》《车站行车工作细则》有关规定,保证调车安全,提高调车效率。

四、列车运行与调度指挥

(一)列车运行图及通过能力

1. 列车运行图的定义和分类

(1)定义:列车运行图是用以表示列车在铁路区间运行及在车站到发或通过时刻的技术文件。它规定各次列车占用区间的程序,列车在每个车站的到达和出发(或通过)时刻,列车在区间的运行时间,列车在车站的停站时间以及机车交路、列车质量和长度等。

(2)作用:

①规定了各次客货列车占用区间的程序,以及在车站到、发或通过的时刻。

②规定了铁路各项技术设备(线路、站场、机车、车辆)的运用。

③规定了与行车各有关部门(车、机、工、电、辆)的工作。

④铁路运输服务能力的一种表现形式。

2. 列车运行图的图解表示方法

列车运行图是运用坐标原理对列车运行时间、空间关系的图解表示,因而实际上它是对列车运行时空过程的图解。基本表示方法有:

(1)横坐标表示时间,纵坐标表示距离。

(2)横坐标表示距离,纵坐标表示时间。

目前我国铁路列车运行图采用第一种图形表示形式。在此类运行图上:

竖线——代表一昼夜的小时和分钟的时间线。

横线——代表分界点的中心线。

斜线——代表列车运行线,表示列车在区间的运行情况。其中,上斜线代表上行列车,下斜线表示下行列车。

站名——上行端位于上方,下行端位于下方;特殊情况由铁道部规定。

3. 列车运行图的分类

(1)按区间正线数目不同分,列车运行图可以分为单线运行图、双线运行图和单双线运行图。

①单线运行图。

对向列车的交会、同向列车的越行都必须在车站上进行,如图7-3所示。

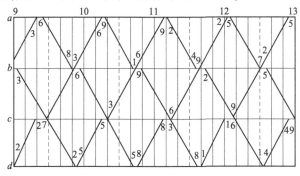

图7-3 单线成对平行运行图

②双线运行图。

对向列车可以在区间内或车站上交会;但同向列车的越行必须在车站上进行,如图7-4所示。

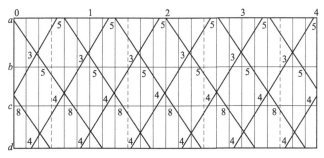

图7-4 双线成对平行运行图

③单双线运行图。

单线区间和双线区间各按单线运行图和双线运行图的特点铺画运行线,如图7-5所示。

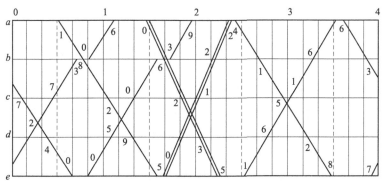

图7-5 单双线成对平行运行图

(2)按列车运行速度不同分,列车运行图可分为平行运行图和非平行运行图。

①平行运行图。

在同一区间内,同一方向列车的运行速度相同,且列车在区间两端站到、发或通过的运行方式也相同。因而,列车运行线相互平行,并在区段内没有列车越行。

②非平行运行图。

在运行图上铺有各种不同种类和不同速度的列车,且列车在区间两端站到、发或通过的运行方式不同。因而,列车运行线不相平行,区段内有列车越行。

(3)按上下行方向列车数目不同分,列车运行图可分为成对运行图和不成对运行图。

①成对运行图。

上下行方向的列车数目相等并成对运行。

②不成对运行图。

上下行方向的列车数目不相等。

(4)按同方向列车运行方式不同分,列车运行图可分为连发运行图和追踪运行图。

①连发运行图。

在非自动闭塞区段采用,同方向列车的运行以站间区间为间隔。在单线区段只有不成对运行时才采用连发运行图,而连发的列车数通常不超过两列。

②追踪运行图。

在自动闭塞或非自动闭塞区段(设有线路所)采用,同方向列车的运行以闭塞分区或所间分区为间隔。

③部分追踪运行图。

仅有一部分列车是追踪运行的,在实际工作中经常采用。

以上所列举的分类,都是针对运行图的某一特点而加以区别的。实际上,每张运行图都具有好几方面的特点。例如,某一区段的运行图既是双线的、非平行的,又是追踪的。

运行图的命名规则见表7-2。

运行图的命名规则　　　　表7-2

单	线	成对	追踪	平行	运行图
双		不成对	非追踪	非平行	

(二)铁路区段通过能力

铁路区段通过能力是指在一定的机车车辆类型和一定的行车组织方法的条件下,铁路区段内的各种固定设备,在单位时间内(通常指一昼夜)所能通过或接发的最多列车对数或列数。

铁路区段通过能力是铁路区段内各种固定设备,如区间、车站、机务段设备、给水设备化铁路的供电设备等的综合能力的体现,其中通过能力最薄弱的设备能力称为区段的最小通过能力。与铁路行车组织有关的是区间通过能力和车站通过能力。

1.铁路区间通过能力

铁路区间通过能力,主要取决于该区段的技术设备和所采用的行车组织方法,如区间正数目、区间长度、线路纵断面、机车车辆类型及信号、联锁与闭塞方式以及列车运行图的等。列车运行图类型对区间通过能力影响很大,在同样的技术设备条件下,采取不同的列车运行图类型,通过能力就有很大不同。计算区间通过能力,一般是先计算平行运行图的区间通过能力,在此基础上计算非平行运行图的区间通过能力。

2. 铁路车站通过能力

铁路车站通过能力是指车站在现有设备条件下，采用合理的技术作业过程，在一昼夜内所能通过或接发的最多列车对数或列数。它包括咽喉通过能力和到发线通过能力。车站通过能力取咽喉通过能力和到发线通过能力中的最小值。

五、铁路运输调度指挥

铁路运输业具有点多、线长、部门分工细、各作业环节紧密联系等特点，运输生产过程是在长距离的连续空间带上进行的，涉及部门多、变化大、时间性强，常常是一点不通影响一线，一线不畅影响一片。为了使铁路这一庞大而复杂的系统能够不间断地、均衡地、高效地运转，就必须对铁路的日常生产活动实行分级管理、集中统一指挥。为此，我国铁路的各级运输部门都建立了相应的调度机构，即铁路总公司设调度处，铁路局集团公司设调度所，车站（主要是编组站、区段站及大货运站）设调度室，在各级调度机构中，按照业务分工设有不同职责的调度员，如计划调度员、列车调度员机车调度员、货运调度员、客运调度员等，分别代表各级领导掌管一定范围内的日常运输指挥工作。调度工作的基本任务是：

(1)认真执行国家运输政策，完成国家规定的旅客和货物运输任务。
(2)正确地编制和执行运输工作日常计划。
(3)科学地组织客流、货流、车流，搞好均衡运输，经济合理地使用机车车辆。
(4)坚持"一卸、二排、三装"的运输原则，按列车运行图行车。在确保安全的基础上，努力提高运输效率。

列车运行图是列车运行计划，列车应按列车运行图运行。但实际列车运行的条件随时都有可能发力提高运输效率生变化，如每天的车流有可能增加或减少，列车运行图中所规定的车次有可能要停运，有时又需要增开列车，图定列车有可能发生晚点，有的列车需要调整作业时间等。因此，在列车运行日常工作中，需要根据变化的情况采取相应的措施来进行运行调整，使列车尽可能按列车运行图行车，这就需要由列车调度员来进行调度指挥。

任务实施

步　　骤	内　　　容	备　　注
课前准备	课前预习铁路行车组织的相关知识	
现场参观	听现场人员讲解相关知识	
课堂讨论	根据参观内容，课堂上进行讨论、交流	
教师总结	教师对课程内容进行总结	

任务测评

教师依据同学们的回答情况，进行分组点评，并给出测评成绩。

序　号	评价内容	完成情况	存在问题	改进措施
1	课前知识查阅情况			
2	铁路行车组织基本常识掌握情况			
3	教师评价			

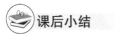课后小结

根据老师的评价,各小组进行总结。

姓名		组号		教师	
自我小结:					

项目 8　城市轨道交通概述

任务 1　城市轨道交通的基本常识

学习目标

1. 了解城市轨道交通系统的概念及发展历史。
2. 了解城市轨道交通系统分类标准,掌握城市轨道交通的主要类型。
3. 掌握城市轨道交通系统的特征。

问题与思考

大多数同学都坐过地铁,地铁是城市轨道交通的一种形式。你知道什么是城市轨道交通系统吗？除地铁外,城市轨道交通还有哪些类型？

工作任务

教师组织学生到地铁车站参观,听工作人员介绍城市轨道交通系统概念及发展历史。学生根据课程要求课前做好准备。参观时,针对现场工作提问,回到课堂进行总结交流。

预备知识

一、城市轨道交通发展历史

目前,世界人口已经超过 65 亿人,随着发展中国家城镇化进程加快,城市人口越来越多,城市的规模也越来越大,全世界百万以上的城市数量已经超过 400 个。这种发展趋势虽然在很大程度上增强了城市的吸引力,人口的聚集带来了信息流通的加快、效率的提高、产业分工与专业化水平的提高,但同时也给城市发展带来了交通拥挤、居住条件差、社会问题多、环境污染严重与能源危机等系列问题,尤其是大城市的交通问题,已经成为一项世界性的难题。

二、城市轨道交通系统的概念

根据《城市公共交通常用名词术语》(GB 5655—1999),城市轨道交通系统:通常以电能为动力、采取轮轨运输方式的快速大运量公共交通的总称。

根据《城市轨道交通技术规范》(GB 50490—2009),城市轨道交通系统:采用专用轨道导向运行的城市公共客运交通系统,包括地铁系统、轻轨系统、单轨系统、有轨电车系统、磁浮交通系统、自动导向轨道系统、市域快速轨道系统。

简而言之,城市轨道交通系统是具有固定轨道、配备专有车辆和服务设施、采用高密度运行方式,主要为城市提供交通服务的现代化城市客运骨干系统的统称。

三、城市轨道交通系统分类标准

1. 按照交通容量分类

交通容量即运送能力,指单方向每小时的断面乘客通过量。按照不同的交通容量范围,轨道交通可分为特大、大、中、小容量4种系统。

特大:交通容量大于5万人/h,市郊铁路。

大:交通容量为2万~5万人/h,常规地铁。

中:交通容量为0.5万~2万人/h,轻轨,线性电机车。

小:交通容量小于0.5万人/h,有轨电车。

2. 按照铺设方式分类

根据不同的敷设方式,轨道交通系统可分为隧道(包括地下、水下)、高架和地面三种形式。

3. 按照路权分类

路权是指轨道交通系统运行线路与其他交通的隔离程度,即运行线路的专用程度。以此为依据,轨道交通系统可分为"A、B、C"三种基本类型。其中,A型为全封闭系统,B型为半封闭系统,C型为开放系统。

4. 按照导向方式分类

根据不同的导向方式,轨道交通系统可分为轮轨导向及导向轮导向。

5. 按照轮轨支撑方式分类

轮轨支撑形式,即车辆与转移车重的行驶表面之间的垂直接触与运行方式。从这一标准出发,轨道交通系统可分为钢轮钢轨系统、胶轮混凝土轨系统以及特殊系统。

四、常见几种城市轨道交通类型

1. 地铁

如图8-1所示,地铁的运能,单向在3万人次/h,最高可达6万~8万人次/h。最高速度可达90km/h,旅行速度可达到40km/h,可4~10辆编组,车辆运行最小间隔可低于1.5min。地铁列车主要在城市地下空间修筑的隧道中运行。当条件允许的时候,也可以穿出地面,在地面或者高架桥上铺轨运行。

2. 轻轨

如图8-2所示,在我国《城市轨道交通工程建设标准》(试行本)中,把每小时单向运输能力在0.6万~3万人次/h的轨道交通定义为轻轨。轻轨一般采用地面和高架相结合的方法建设,列车编组采用3~6辆,由于轻轨交通采用线路隔离、自动化信号、调度指挥系统和高新技术车辆等措施,最高速度可达到60km/h。

图8-1 地铁

图8-2 轻轨

3. 单轨

如图8-3所示,单轨交通最高速度可达80km/h,旅行速度30~35km/h,列车可4~6辆编组,单向运输能力为1万~2.5万人次/h。我国首座单轨交通系统是在山城重庆2005年修建的2号线。

4. 有轨电车

如图8-4所示,有轨电车运量小,一般单向运输能力在1万人次/h以下,运行速度一般在10~20km/h,现代的有轨电车已经在很多方面得到了改造,单向运输能力已经可以达到1万人次/h。

图8-3 单轨

图8-4 有轨电车

5. 城市铁路

如图8-5所示,按照城市铁路运行区域的不同,可以分为市区铁路、市郊铁路和机场联络铁路等。城市铁路一般采用4~10辆编组,最高速度可达100~120km/h,市郊铁路运能与地铁基本相当。

6. 磁浮系统

如图8-6所示,磁浮系统是一种运用"同性相斥、异性相吸"的电磁原理,依靠电磁力来使列

图8-5 城市铁路

车悬浮并走行的轨道运输方式。它是一种新型的没有车轮、采用无接触行进的轨道交通系统。

图8-6 磁浮系统

五、城市轨道交通系统特征

1. 城市轨道交通系统的优势

城市轨道交通系统区别于城市地面道路交通系统的特征：容量大、运行准时速达、安全舒适、能耗低、污染小、用地省。

2. 城市轨道交通系统的局限性

城市轨道交通系统区别于城市地面道路交通系统的特征：建设投资大、建设周期长、建成后不宜调整、运营成本高、存在安全隐患、经济效益有限。

3. 城市轨道交通虽然和铁路运输的差异

(1) 运营范围。城市轨道交通系统的运行范围是城市市区及郊区，一般只有几十公里，运距短，不像常规铁路运输纵横数千公里、连接城乡。城市轨道交通系统往往单条线路运行，列车不跨线运行，而常规铁路则全路成网，必须跨线运行。

(2) 运行速度。城市轨道交通因在城市及郊区运行，站间距短，且站站停车，很少跳停，列车运行速度通常不超过80km/h，而普通铁路的运行速度一般在120km/h以上，高速铁路的最高运行速度一般为350km/h。

 任务实施

步　骤	内　　容	备　注
课前准备	课前预习城市轨道交通系统概念及发展历史类型的相关知识	
现场参观	听现场人员讲解相关知识	
课堂讨论	根据参观内容，课堂上进行讨论、交流	
教师总结	教师对课程内容进行总结	

 任务测评

教师依据同学们的回答情况，进行分组点评，并给出测评成绩。

序 号	评价内容	完成情况	存在问题	改进措施
1	课前知识查阅情况			
2	城市轨道交通发展历史、类型掌握情况			
3	教师评价			

课后小结

根据老师的评价,各小组进行总结。

姓名		组号		教师	
自我小结:					

任务2　城市轨道交通线路认知

学习目标

1. 了解城市轨道交通线路的定义和作用。
2. 掌握轨道的组成及路基的类型。
3. 了解桥梁与隧道的结构与分类。

问题与思考

轨道是城市轨道交通系统中不可缺少的一环,它突显了城市轨道交通的特色,那么它是如何在轨道交通运行中起作用的呢?它又是由哪些具体设备和设施构成的呢?

工作任务

教师组织学生到地铁车站参观,听工作人员介绍城市轨道交通线路基本构造。学生根据课程要求课前做好准备。参观时,针对现场工作提问,回到课堂进行总结交流。

预备知识

一、城市轨道交通线路的定义和作用

(一)城市轨道交通线路定义

城市轨道交通线路是由各种不同材料的部件所组成的,具有规定的强度和稳定性,能保证列车以规定的速度平稳、安全、正点和不间断地运行的整体工程结构。

(二)城市轨道交通线路作用

引导机车车辆运行,直接承受机车车辆车轮的垂直力和水平力、机车车辆弹簧震动产生的冲击力、列车运行及制动时所产生的纵向力、因机车和车辆摇晃而引起的以及列车通过曲线时所产生的侧向推力。

此外,还受雨、雪、风以及气温变化的影响,温度应力式无缝线路还承受一定的温度应力,并把这些力均匀地传给路基和桥隧建筑物。

二、城市轨道交通线路选择与设计

城市轨道交通线路选择、设计,首先应对城市总体规划、城市发展格局、线网规划等进行深入研究,明确其功能定位。其次,积极与相关部门对接,落实场站控制中心等用地。

1. 线路区间平面设计

(1)圆曲线。

曲线地段超高:曲线外轨顶面与内轨顶面的水平高度之差。

曲线半径:合理的曲线半径能够更好地适应地形、地物、地质等条件,通过影响轮轨磨耗和养护费用而影响运营费用的原因,加之工程可实施性的限制,需要对曲线半径进行限制。

(2)缓和曲线

缓和曲线是直线轨道和曲线轨道之间的曲率渐变的连接曲线,使列车安全、平稳、舒适地由直线过渡到圆曲线。

(3)夹直线。

夹直线是在地形困难、曲线毗连地段的两相邻曲线之间的直线,分为同向曲线和反向曲线。

(4)线间距与限界。

并行修建双线及多线线路时,区间相邻两线中心线之间的最短距离称为线间距。为保证运输安全而制订的建筑物设备与机车车辆之间在线路上不能逾越的轮廓尺寸线为限界。

2. 线路区间纵断面设计

(1)坡度、坡段。

城市轨道交通系统能适应大坡度运行。两个坡段的连接点即坡度的变化点,称为变坡点。一个坡段两端变坡点之间的水平距离称为坡段长度。

(2)竖曲线。

当坡度代数差大于或等于某一值时,应在变坡点处设置竖曲线,把折线断面连接起来,

以保证列车运行的安全和平稳。

三、轨道与路基

(一) 钢轨

直接承受列车的荷载,并依靠钢轨头部内侧面和机车车辆轮缘的相互作用,引导列车运行,依靠它本身的刚度和弹性把机车车辆荷载分布开来,传递给轨枕,如图8-7所示。

1. 类型

按每米质量分为 75kg/m 轨、60kg/m 轨、50kg/m 轨、43kg/m 轨、38kg/m 轨等。

按单根钢轨长度可分为:标准轨、缩短轨等。标准轨的长度有 12.5m 和 25m 两种。

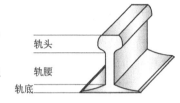

图 8-7 钢轨

按化学成分分为:U71、U74、U71Cu、U71Mn、PD2、PD3、U75V 等。

2. 钢轨的选用

选用钢轨原则上应以轨道承受荷载的大小确定。

我国城市轨道交通正线均采用 60kg/m 的重型钢轨,停车场线路可选用 50kg/m 轨和 43kg/m 轨。

(二) 钢轨配件

钢轨配件(接头连接零件)主要由接头夹板和接头螺栓将钢轨与钢轨的端部连接起来,使钢轨接头部位共同承受弯矩和横向力。钢轨接头有普通接头、异型接头、导电接头、绝缘接头、胶结接头和冻结接头等几种。

(三) 轨枕

分为木枕和钢筋混凝土枕,主要应用于停车场和地面线的碎石道床。城市轨道交通线路大多采用混凝土短枕、混凝土支撑块以及混凝土长枕,如图8-8所示。

(四) 扣件

扣件是钢轨与轨枕或其他枕下基础连接的重要连接零件,它的作用是固定钢轨,阻止钢轨纵向和横向位移,防止钢轨倾斜,并提供适当的弹性,将钢轨承受的力传递给轨枕或道床承轨台。一般扣件都是由钢轨扣压件和轨下垫层两部分组成,如图8-9所示。

图 8-8 轨枕

图 8-9 扣件

(五) 路基

路基是地铁工程的重要组成部分，直接承受轨道和车辆荷载。路基工程作为工程结构物，必须具有足够的强度、稳定性和耐久性。

路基主要有：路堤、路堑、半路堤、半路堑、半堤半堑、不填不挖六种形式。

四、桥梁与隧道

(一) 桥梁的结构

桥梁是跨越河流、湖泊、河谷、峡谷或者其他道路的建筑。桥梁主要是由上部结构和墩台基础组成。

(二) 桥梁的分类

(1) 按长度对桥梁进行分类：
①小桥，指长度在 20m 及以下的桥梁；
②中桥，指长度在 20m 以上至 100m 的桥梁；
③大桥，指长度在 100m 以上至 500m 的桥梁；
④特大桥，指长度在 500m 以上的桥梁。

(2) 按桥梁所用的建筑材料分类：
①钢桥；
②钢筋混凝土桥；
③石桥。

(3) 按桥梁结构的类型分类：梁式桥、拱桥、刚架桥、斜拉桥、悬桥以及箱形桥等。

(4) 按桥面所在的位置分类：
①上承式桥，桥面位于主要承重结构上部的桥称为上承式桥；
②下承式桥，桥面位于主要承重结构下部的桥称为下承式桥；
③中承式桥，在桥跨全长中，部分桥面位于主要承重结构的上部，另一部分桥面位于主要承重结构下部，这种类型的桥称为中承式桥。

(5) 按桥梁所跨越的障碍物分类：
①河川桥，用来跨越河流、湖泊的桥梁；
②跨线桥，用来跨越公路、铁路的桥梁；
③高架桥，用来跨越深谷、低地或既有线路连续架设，并代替路堤的桥梁。

(三) 隧道的结构

隧道是维护车辆、行人或各种专业设施通行的设备，有铁路隧道、公路隧道、人行隧道及各种管线隧道。

城市轨道交通隧道主要由洞身、衬砌、洞门和附属建筑物等组成。

(1) 洞身：隧道结构的主体部分，是列车通行的通道，其净空应符合国家规定的铁路隧道建筑限界的要求。其长度由两端洞门的位置来决定。

(2) 衬砌：承受地层压力，维持岩(土)体稳定，阻止坑道周围地层变形的永久性支撑物。

(3)洞门:位于隧道出入口处,用来保护洞口土体和边坡稳定,排除仰坡流下的水,由端墙、翼墙及端墙背部的排水系统所组成。

(4)附属建筑物:连接上下行线路,安置抽水泵房的联络通道;为防止和排除隧道漏水或结冰而设置的排水沟和盲沟;为机车排出有害气体的通风设备;接触网、电缆槽、消防管道等。

(四)隧道的分类

根据隧道的断面形式分为:矩形、拱形、圆形、多圆形及椭圆形等多种,但其中主要的是圆形隧道和矩形隧道两种。

任务实施

步　骤	内　　容	备　注
课前准备	课前预习城市轨道交通线路构造相关知识	
现场参观	听现场人员讲解相关知识	
课堂讨论	根据参观内容,课堂上进行讨论、交流	
教师总结	教师对课程内容进行总结	

任务测评

教师依据同学们的回答情况,进行分组点评,并给出测评成绩。

序　号	评价内容	完成情况	存在问题	改进措施
1	课前知识查阅情况			
2	城市轨道交通线路构造掌握情况			
3	教师评价			

课后小结

根据老师的评价,各小组进行总结。

姓名		组号		教师	

自我小结:

任务3　城市轨道交通车站认知

学习目标

1. 掌握城市轨道交通车站的分类。
2. 掌握城市轨道交通车站的结构和功能。
3. 了解城市轨道交通车站行车服务设施的作用。

问题与思考

我们要想乘坐城市轨道交通,就要去车站。那么,你知道城市轨道交通车站可以分成哪些类型吗？它有哪些设施？

工作任务

教师组织学生到地铁车站或轻轨车站参观,听工作人员介绍城市轨道交通车站基本知识。学生根据课程要求课前做好准备。参观时,针对现场工作提问,回到课堂进行总结交流。

预备知识

一、城市轨道交通车站概述

车站是轨道交通系统的重要建筑物。它是供旅客乘降、换乘和候车的场所,保证旅客使用方便、安全、迅速地进出站,并有良好的通风、照明、卫生、防灾设备等,为旅客提供舒适、清洁的环境。

(一) 车站分类

(1) 按车站空间位置分类:地面车站(图8-10)、地下车站(图8-11)、高架车站(图8-12)。

(2) 按线路设置功能分类:功能折返站、运转折返站。

(3) 按运营职能分类:将一条运营线划分为若干个区域,每一范围设置一个区域性车站。这样形成客运专线公司、区域站、普通站三个层面的三级管理格局。

(4) 按车站换乘功能分类:换乘站和非换乘站。

(二) 车站的结构及其功能

车站的建筑主体结构主要由站台、站厅、设备

图8-10　地上车站

用房、管理用房、辅助用房及列车运行空间等组成;车站的附属结构有出入口、通道、风亭(或风井)等。此外,车站还设有自动化售票设备、闸机自动检票设备、自动电梯设备、屏蔽门等设备。

图8-11　地下车站

图8-12　高架车站

(1)设备用房:安置各类设备、进行日常维修及保养设备的场所。
(2)管理用房:车站工作人员的办公用房。
(3)辅助用房:车站的辅助用房有卫生间、洗手间、更衣室、清扫工具室等。
(4)出入口:能比较直接地联系地面室外空间和内部车站。
(5)站厅层:其主要作用是集疏客流,为乘客提供售、检票等服务。
(6)站台层:供列车停靠、乘客候车及上下列车之用。
(7)站台层:站台的形式有岛式、侧式和混合式三种。
(8)岛式站台:站台位于上、下行行车线路之间的站台布置形式称为岛式站台。其优点是站台面积可以得到充分利用,管理集中,车站结构紧凑,设备使用率高,乘客换乘方便等。
(9)侧式站台:站台位于上、下行线路的两侧的站台布置形式称为侧式站台。其优点为列车进站无曲线,运行状态好。站台的横向扩展余地大,双向乘客上下车无干扰。
(10)混合式站台:一个车站建有岛式站台与侧式站台两种形式,统称为混合式站台。

二、车站客流服务设施

1. 概念

车站客流服务设施是乘客可以通过自身感官,直接感受到的车站设施、设备。

主要是乘客出行所必须使用或能为乘客出行提供方便的设施、设备,如通过视觉感受到的导向系统、通过听觉感受到的广播系统、通过自行操作进行查询或购票的自动售检票系统、替代乘客步行的自动扶梯等。

2. 客运服务设施

为乘客乘坐轨道交通提供基础服务的客运设施及辅助性设施,包括基础设施(如自动扶梯、乘客座椅、卫生设施等),辅助设施(如乘客信息显示屏、信息查询系统等)。

3. 导向系统

导向系统提供引领乘客进入车站、乘车和离开车站的信息,紧急疏散时能引导乘客顺利离开危险区并最终离开车站。导向系统包括各类导向标识、禁令标志及其他设备、设施标志。

4. 广播和乘客信息显示设备

车站出入口及通道、站厅、站台、车站用房一般均设置广播,主要用于向乘客提示列车有关信息、乘车有关提示以及发生非常情况后有关信息的发布和组织、引导乘客。

乘客信息显示系统可根据信息发布点地理位置提供相应的事实运营信息,包括列车预计到达时间和目的地等动态信息,同时也提供广告媒体信息,并可通过系统平台实现实时运营信息和其他服务信息及广告信息之间的切换发布。

5. 售检票系统

售检票系统是为乘客提供售票和检票服务的一系列相关设备,分为人工售检票和自动售检票两种。人工售检票系统:单一的采用纸质车票作为介质,通过人工出售、人工检验票、人工统计的一种售检票系统。自动售检票系统:通过计算机集中控制的、以磁卡及非接触器或 IC 卡为介质的一种售检票方式。

封闭式即通常所说的自动售检票系统(Automatic Fare Collection System,简称 AFC),是现代城市轨道交通普遍采用的票务管理模式。它不仅可以及时提供精确的客流、财务统计报告,还方便乘客乘车,增加运营收入。

三、车站行车服务设施

(一)列车自动控制系统

正常情况下,列车运行控制由 ATC 系统自动完成。ATC 系统根据列车运行时刻表,由系统自动办理进路,调度全线列车的运行。

列车按 ATS 系统的指令,在 ATP 系统的防护下,由 ATO 系统实现列车自动驾驶,列车进路由车站联锁设备自动排列,行车调度主要监控列车运营状态,并在突发事件时及时对全线列车进行调整。

(二)车站站台屏蔽门、安全门

站台屏蔽门:设在站台边缘,借以与进站列车进行分割的、全封闭、与列车车门相对应的、贯穿整个站台的一系列透明门。

主要优点为:节约车站空调能源,降低列车噪声对乘客干扰;保证候车乘客的人身安全,最大限度防止可能出现的各类人员意外伤亡;节省人力资源。

站台安全门:设在站台边缘,在列车未到站及到站停稳前,在站台和轨道之间建立一道屏障。

主要优点为:保证候车乘客的人身安全,最大限度防止可能出现的各类人员意外伤害。

(三)车站运营监控系统

设备监控系统(Building Automation System,简称 BAS),由中央级设备、车站级设备、现场级设备组成。

BAS 辅助自动监视并控制各类车站机电设备的启、停,显示或打印当前各设备的运行状态,并在火灾发生情况下,可接收消防报警信号,使车站的空调和通风设备按火灾工况运行。

(四)车站通信系统

城市交通的通信系统是一个独立完整的指挥行车内部通信网,能够迅速、准确、可靠地传递和交换语音、图像、数据信息。

通信网由光纤数字传输系统、数字电话交换系统、闭路电视监控系统、无线通信系统及车站广播系统等组成。车站通信系统的主要任务是及时传递城市轨道交通运营各种系统、各部门和指挥中心间的信息,及时采取行动确保整个系统正常运营。

(五)车站信号系统

信号是"信号(显示)、联锁、闭塞"的总称,由各类信号显示、轨道电路、道岔转辙装置等设备及其他有关附属设备组成,对保证行车安全、提高通过能力、节能及改善运输人员的劳动条件等方面起着至关重要的作用。

车站信号设备室通过 ATP 子系统的轨旁设备,发送列车检测信息,以检查轨道区段内有无列车占用,并向列车发送限速命令、门控命令、定位停车指令等。

四、其他服务设施

(一)环控系统

环控系统组成部分包括:隧道通风系统;车站通风大系统;地面车站、高架车站的小系统;空调制冷循环水系统、隧道口空气幕系统、折返线通风系统等。

地下车站的环控系统可分为屏蔽门系统和非屏蔽门系统。非屏蔽门系统按轨道交通车站与地面通风风道的连接方式,又可分为闭式系统和开式系统。此外,对车站公共区制冷的空调通风系统称为大系统,车站设备及管理用房空调通风系统称为小系统。

(二)照明系统

车站照明系统分为节电照明、公共区域一般照明、设备管理用房照明、事故照明、疏散诱导指示照明、标志照明和广告照明。

车站照明系统按照明系统负荷划分为一、二、三级负荷;按照控制方式可分为车站控制室远程控制和就地控制两种方式。其中,就地控制即在现场对车站照明系统进行控制,一般可分为集中控制和分散控制。远程控制即通过车站控制室内设置的一般照明控制盘实现对车站照明系统的集中控制。

(三)火灾报警系统

火灾报警系统(Fire Alarm System,简称 FAS),通常由消防报警系统和消防灭火系统两部分组成。消防报警系统分为中央级设备和车站级设备。中央级设备能够实现对全线火灾情况的监控和时钟同步功能。车站级设备则负责对所辖车站火灾情况进行监控,记录报警、故障等信息并上传至中央控制室。消防灭火系统主要包括消火栓灭火系统、自动喷水灭火系统和气体自动灭火系统。

(四)车站通风与噪声控制系统

1. 车站通风系统

地下车站,地下车站设置在地表以下,无法采用自然通风。为了满足人们在车站内正常活动的环境需要,在地下车站必须设置车站通风系统,其主要作用是为车站提供足够的新鲜空气、排除废气和有害气体,改善车站的乘客环境,为乘客创造一个舒适的空间。

2.噪声控制系统

地下轨道交通进行噪声控制的主要措施是在站台顶部、车站范围的隧道侧墙、站台下部轨道旁设置吸音板以及安装站台屏蔽门。高架轨道交通主要是在线路沿线布置防噪墙等。

(五)车站空调系统

车站空调为车站内部源源不断地输送经过处理的空气,使之与车站内部其他空气进行热、湿交换,并将完成调节作用的空气排出,以保持车站内稳定的湿度和温度要求。地面和高架车站一般不设置空调设备,仅在轨道交通地下车站布置有空调设备,以调节车站环境的温湿度。

 任务实施

步　　骤	内　　　　容	备　　注
课前准备	课前预习城市轨道交通车站相关知识	
现场参观	听现场人员讲解相关知识	
课堂讨论	根据参观内容,课堂上进行讨论、交流	
教师总结	教师对课程内容进行总结	

 任务测评

教师依据同学们的回答情况,进行分组点评,并给出测评成绩。

序　　号	评价内容	完成情况	存在问题	改进措施
1	课前知识查阅情况			
2	城市轨道交通车站掌握情况			
3	教师评价			

 课后小结

根据老师的评价,各小组进行总结。

姓名		组号		教师	
自我小结:					

参 考 文 献

[1] 刘广武,王艳艳.铁道概论[M].成都:西南交通大学出版社,2014.
[2] 韩军峰,胡子亮,于彦良.铁道概论[M].北京:北京交通大学出版社,2016.
[3] 佟立本.铁道概论[M].北京:中国铁道出版社,2017.
[4] 嵇昊威,洪冠.铁道概论[M].北京:北京交通大学出版社,2019.
[5] 李海军,侯立新,张文婷.铁道概论[M].成都:西南交通大学出版社,2013.